MARCO POLO

Florenz

Reisen mit Insider Tipps

Diesen Führer schrieb Ursula Romig-Kirsch.
Sie hat 13 Jahre in Florenz gelebt und
am Deutschen Kunsthistorischen
Institut gearbeitet.

www.marcopolo.de

Infos zu den beliebtesten Reisezielen
im Internet, siehe auch Seite 100

MAIRS GEOGRAPHISCHER VERLAG

SYMBOLE

MARCO POLO INSIDER-TIPPS:
Von unserer Autorin für Sie entdeckt

★ **MARCO POLO HIGHLIGHTS:**
Alles, was Sie in Florenz kennen sollten

HIER HABEN SIE EINE SCHÖNE AUSSICHT

WO SIE JUNGE LEUTE TREFFEN

PREISKATEGORIEN

Hotels		Restaurants	
€€€	ab 170 Euro	€€€	ab 30 Euro
€€	100–170 Euro	€€	23–30 Euro
€	unter 100 Euro	€	unter 23 Euro

Die Preise gelten für ein Doppelzimmer pro Nacht, meist mit Frühstück.

Die Preise gelten für ein dem Lokal entsprechendes komplettes Menü.

KARTEN

[110 A1] Seitenzahlen und Koordinaten für den Cityatlas Florenz

[U A1] Koordinaten für die Übersichtskarte Florenz auf dem hinteren Umschlag

[0] außerhalb des Kartenausschnitts

S. 120/121 Umgebungskarte von Florenz

Plan der Elektrobusse im hinteren Umschlag

Zu Ihrer Orientierung sind auch die Objekte mit Koordinaten versehen, die nicht im Cityatlas eingetragen sind.

GUT ZU WISSEN

INHALT

Die wichtigsten
MARCO POLO Highlights
Sehenswürdigkeiten, Orte und Erlebnisse, die Sie nicht verpassen sollten

 Maggio Musicale Fiorentino
Bei den internationalen Musik- und Ballettfestwochen geben sich berühmte Künstler und die Großen der Welt ein Stelldichein (Seite 16)

 Ponte Vecchio
Ein Gang über die alte Brücke mit ihren Juwelierläden ist besonders schön bei Sonnenuntergang, wenn sich die letzten Strahlen im Fluss spiegeln (Seite 22)

 Battistero di San Giovanni
Mosaiken wie nirgendwo sonst in Florenz leuchten und glitzern im Inneren der achteckigen Taufkirche – vor allem, wenn die Sonne im Westen steht (Seite 23)

 Duomo di Santa Maria del Fiore
Fast alle Wege führen zum Dom, dessen Kuppel das Stadtbild beherrscht (Seite 24)

 San Miniato al Monte
Romanische Architektur pur mit einem überwältigenden Blicke über die Stadt (Seite 28)

 Giardino di Boboli
Hinter dem Palazzo Pitti liegt ein prächtiger, 45 000 m^2 großer Garten (Seite 35)

 Galleria degli Uffizi
Nicht nur die sagenhaften Kunstschätze lohnen den Besuch – vom Dachcafé hat man auch einen fabelhaften Blick (Seite 40)

Duomo di Santa Maria del Fiore

Ponte Vecchio

 Musei di Palazzo Pitti
Die Galleria Palatina im
Palazzo Pitti ist sehenswert
– wegen der ausgestellten
Gemälde und wegen der
königlichen Ausstattung
(Seite 42)

 **Museo dell'Opera
del Duomo**
Eines der feinsten Museen von
Florenz, vor dem man dennoch
meist nicht Schlange steht
(Seite 43)

 Museo di Palazzo Vecchio
Seit über 800 Jahren wird
aus diesem Palast die Stadt
regiert, denn noch immer ist
hier neben den Prachträumen
die Stadtverwaltung untergebracht (Seite 43)

 Museo Marino Marini
Hier wurde der Kunst des
20. Jhs. der erste würdige
Raum in Florenz eingeräumt
(Seite 46)

 **Museo Nazionale
del Bargello**
Ein einmaliges Skulpturen-
ensemble erwartet Sie
(Seite 46)

Loggien der Galleria degli Uffizi

 Il Cibreo
Kulinarische Vielfalt für jeden
Geschmack und Geldbeutel
– nur Nudeln kommen hier
nicht auf den Tisch (Seite 53)

 Mercato San Lorenzo
Natürlich trifft man auf dem
bunten Markt viele Touristen,
aber bis zur Markthalle sind
es nur wenige Schritte – und
dort feilschen die Florentiner
Hausfrauen mit den Händlern
(Seite 66)

 Teatro della Pergola
Roter Samt, Kristalllüster und
Vergoldungen geben jeder
Veranstaltung in dem Logen-
theater aus dem 18. Jh. ihren
festlichen Glanz (Seite 82)

 Die Highlights sind in der Karte auf dem hinteren Umschlag eingetragen

Entdecken Sie Florenz!

Die Stadt der Medici, der Kunst und des verfeinerten Geschmacks

Florenz – Stadt der Haute Couture

Florenz macht Spaß – jedem! Nicht umsonst wurde die Stadt am Arno im Herbst 2003 vom Italienischen Amt für Statistik, als »lebenswerteste Stadt Italiens« ermittelt. Wenn Sie in Florenz ankommen, aus dem Bahnhof treten und sich erstmal Ihren Weg zwischen bettelnd vorgestreckten Händen bahnen müssen, erscheint dies unmöglich, aber wenn Sie dann den Blick vom Boden lösen, die gotische Kirche Santa Maria Novella direkt vor sich, die Domkuppel weiter hinten und darüber die grünen Hügel mit ihren Villen und Olivenhainen erblicken, können Sie erahnen, welche Schätze Florenz besitzt. Und das, obwohl in diese Stadt alljährlich Millionen von Touristen einfallen – wie Ihnen bei den nächsten Schritten bewusst wird. Nach Venedig muss Florenz die meisten Touristen pro Quadratmeter Innenstadt verkraften. Wenn Sie also Ihresgleichen entgehen wollen, müssen Sie die Touristenmeile verlassen. Biegen Sie in die kleinen

Die beiden Wahrzeichen der Stadt: der Palazzo Vecchio und die Domkuppel

> **Florenz – die Kunstmetropole**

Gassen und Gässchen, seien Sie mutig. Die Innenstadt ist klein, und Sie können jeden Florentiner nach dem Dom, dem *duomo*, fragen. Er ist immer in Reichweite – und schon sind Sie wieder mitten im Touristenstrom.

Florenz ist noch immer eine der interessantesten und schönsten Städte Europas und vor allem eine *der* Kunstmetropolen der Welt. Um auch nur einen Bruchteil all dessen zu genießen, was diese Stadt bietet, kann eigentlich keine Mühe und momentane Anstrengung zu groß sein. Jeder findet hier seine Ecke, wie verschieden die Geschmäcker und Altersklassen auch sein mögen. Die Jugendlichen sonnen sich auf Plätzen und scharen sich am Abend

Vom Piazzale Michelangelo haben Sie ganz Florenz im Blick

dell'Accademia wieder. Denn Florenz bedeutet vor allem Kunst. Das Ensemble von Kirchen und Palazzi, Plätzen und Gassen, Brunnen und Statuen ist ein über Jahrhunderte gewachsenes Gesamtkunstwerk, das auf der Welt seinesgleichen sucht. Die schönsten Skulpturen, Gemälde, Tapisserien der Welt sind in den Kirchen und Museen von Florenz ausgestellt. Die Paläste sind wahre Schatzkammern, die Palastgärten Kleinode der Natur. Viele sind für Besucher geöffnet. Und jede Tür, jedes Fenstergesims, jede Dachtraufe an Palästen und alten Häusern ist ein kleines Kunstwerk. Gehen Sie mit neugierigen Augen durch die Gassen, Sie werden unendlich viel Schönes und Interessantes entdecken.

Etwa 40 000 Touristen schlendern im Durchschnitt täglich durch Florenz. Viele sind Tagestouristen, die sich vor allem zwischen Dom und Palazzo Vecchio bewegen. Nur im Schneckentempo kommt man in dieser für jede Art von Verkehrsmittel gesperrten Gegend voran – und ist hauptsächlich umgeben von seinesgleichen. Die rund 365 000 Einwohner von Florenz leben größtenteils am Stadtrand, denn die Wohnpreise stehen inzwischen an zweithöchster Stelle von ganz Italien. Nur wer im Zentrum arbeitet oder in den teuren Geschäften der Innenstadt einkauft, wird hier gesehen.

um Straßenmusikanten, diskutieren vor Bars und in Trattorien. Genießer füllen Restaurants und Enotheken und wählen mit Kennerblick Schinken, Käse, Wein und Olivenöl aus. Gut betuchte Asiaten, Amerikaner und Europäer schleppen glücklich die Last ihrer Einkäufe, die sie bei Italiens Topdesignern erstanden haben. Ein Hauch von gelassener Fröhlichkeit liegt über allem. Vielleicht macht es diese Atmosphäre, dass so viele Touristen Händchen haltend über die Plätze schlendern…

» *Ein über Jahrhunderte gewachsenes Gesamtkunstwerk* **«**

Und irgendwann begegnen Sie fast allen in den Warteschlangen vor den Uffizien und der Galleria

Etwas anders ist es im Oltrarno, auf der südlichen Seite des Flusses. Der Arno teilt die Stadt in zwei Hälften, die großräumige, nordöstliche Seite mit den repräsentativen Bauten, und das schmale, südwestliche Ufer. Die Stadtviertel San Niccolò, Santo Spirito und San Frediano gehören noch immer zu den lebendigeren, ursprünglicheren der Stadt – auch wenn hier und dort Boutiquen neben alteingesessenen Lädchen und Werkstätten Einzug gehalten haben. Und bei der Schickeria von Florenz gehören der Borgo San Frediano, die Via Santo Spirito und die umliegenden Gassen längst zu begehrten Adressen. Trotzdem: Touristenmassen trifft man hier weniger, wenn man mal absieht von der Via Guicciardini, die vom Ponte Vecchio zum ebenfalls südwestlich des Arno liegenden Palazzo Pitti und dem Boboli-Garten führt.

Statistisch gesehen hält sich der Durchschnittstourist drei Tage in Florenz auf. Mit einem gut ausgewogenen Programm kann man in dieser kurzen Zeit schon etwas vom Flair dieser Stadt einfangen und sei-

> *Nie ist Florenz schöner als von den Hügeln aus betrachtet*

nen Spaß dabei haben. Nur eines der großen Museen und allerhöchstens zwei Kirchen sollten Sie sich am Tag ansehen. Und sich viel Zeit dazwischen nehmen, um zu schlendern, zu beobachten oder sich einfach treiben zu lassen. Vielleicht machen Sie auch einmal eine Busfahrt über die Höhenzüge. Nie ist Florenz schöner als von den Hügeln aus betrachtet, wenn die untergehende Sonne die Kuppeln und Türme vergoldet und der Arno sich noch immer wie ein Silberband durch die Stadt zu schlängeln scheint.

Und die Abende? Klug wäre es, sich schon vor der Reise zu erkundigen, ob in die fragliche Zeit ein gutes Konzert oder eine andere interessante Veranstaltung fällt. Vor allem die sommerlichen Aufführungen in Gärten und Klosterhöfen haben für uns Nordländer einen speziellen Reiz. Am Besten, Sie lassen

Gebieterisch blickt Neptun vom Brunnen auf der Piazza della Signoria

sich durch Ihre Reiseagentur oder das Hotel schon bei der Buchung Karten reservieren. Aber freuen Sie sich auch auf die Abende, an denen Sie in einer der vielen Trattorien und Restaurants die berühmte Küche der Toskana und ihren nicht weniger berühmten Wein genießen können.

3000 Jahre lässt sich die Geschichte von Florenz zurückverfolgen. Funde belegen, dass hier schon zur Villanova-Zeit um 1000 v. Chr. eine Ansiedlung bestanden haben muss. Im Jahre 59 gründeten die Römer eine Veteranenkolonie im Arno-Tal, die sie *Fiorentia* nannten. Das Forum lag an der Stelle der heutigen Piazza della Repubblica. Auf die Römer folgten Langobarden und Karolinger, und im Jahr 845 vereinigte Lothar, Enkel Karls des Großen, die Grafschaften Florenz und

> *3000 Jahre lässt sich die Geschichte von Florenz zurückverfolgen*

Fiesole. Der Grundstein zur späteren Bedeutung der Stadt war gelegt. Das Baptisterium und die Kirchen S. Miniato und SS. Apostoli wurden errichtet. Bereits 1115 war Florenz faktisch eine autonome Gemeinde und die Florentiner begannen ihr Territorium auszudehnen. 1125 wurde Fiesole eingenommen, und im Laufe des 14. und 15. Jhs. fielen fast alle benachbarte Städte durch Kauf oder Eroberung an Florenz – einschließlich Pisa, das den Zugang zum Meer sicherte. Nur das stolze Siena konnte erst 1555 erobert werden. Nun aber hatte Florenz seinen Machtbereich endgültig abgesteckt – er entsprach im Wesentlichen den Grenzen der heutigen Toskana.

Die Stadt war reich und mächtig geworden, nicht zuletzt durch ihren florierenden Tuchhandel und

Blick vom Campanile über die Dächer der Stadt

dank des 1252 in Florenz geprägten *fiorino,* der ersten Goldmünze, die bald zum vorherrschenden Zahlungsmittel in ganz Europa wurde. In Florenz stellte man auch die ersten Wechsel und Schecks aus – und aus dem *banco,* dem Tisch der Geldwechsler, entstand der Begriff »Bank«.

1296 entschloss sich der Rat der nun 100 000 Einwohner zählenden Stadt, einen Dom zu bauen. Um diese Zeit begann auch der Aufstieg einer Familie, die für 300 Jahre das Geschick der Stadt bestimmen sollte: der Medici. Sie waren Bankiers, Kaufleute, Kriegsherren, Politiker, Mäzene und zuletzt Herzöge und Großherzöge der Toskana. Und sie machten Florenz für Jahrhunderte zum geistigen und kulturellen Mittelpunkt Europas. Erst 1743 erlosch die Familie mit dem Tod der letzten Medici, Anna Maria Ludovia. In der Folge regierte das Haus Habsburg-Lothringen die Toskana mit einer kurzen napoleonischen Unterbrechung (1799–1815). 1860 wurde sie Teil des vereinigten Italiens.

Als Florenz 1865 für sieben Jahre die Hauptstadt des neu gegründeten Königreichs Italien war, ließ man die große Stadtmauer schleifen und in ihrem Verlauf die breite Ringstraße, den *Viale,* anlegen, ohne den heute der Verkehr keinesfalls zu bewältigen wäre. Das alte Marktviertel und das seit dem Mittelalter bestehende Ghetto wurden abgerissen und an ihrer Stelle die Piazza della Repubblica angelegt.

Lange hat Florenz fast ausschließlich von seiner glorreichen Vergangenheit gezehrt. Nun aber

Florenz setzt auf die Jugend

wird der Moderne immer mehr Raum gegeben. Viele Ausstellungen sind gegenwarts- oder gar zukunftsbezogen. Projekte werden in Angriff genommen – und wieder verworfen. Auf dem 30 000 m² großen Areal einer alten Textilfabrik ist ein Centro d'Arte Contemporanea geplant, ein dem MOMA in New York nachempfundenes Museum moderner Kunst. Und auf dem Gelände der ehemaligen Schlachthöfe soll ein moderner Theater-Konzerthauskomplex entstehen, nur fehlt der Stadt das Geld dazu. Trotzdem bemüht man sich, Florenz zu »entstauben«. Man lässt sich sogar auf Experimente ein: Von avantgardistischem Theater bis zu Performances ist plötzlich alles erlaubt und erwünscht. Die historischen Plätze sind ein edler Rahmen für Rockkonzerte und Straßenfeste. Bei dem künstlerischen Feingefühl, das man in dieser Stadt seit Jahrhunderten entwickelt hat, wird auch das Florenz des dritten Jahrtausends seine Besucher begeistern.

> *Der Moderne wird immer mehr Raum gegeben*

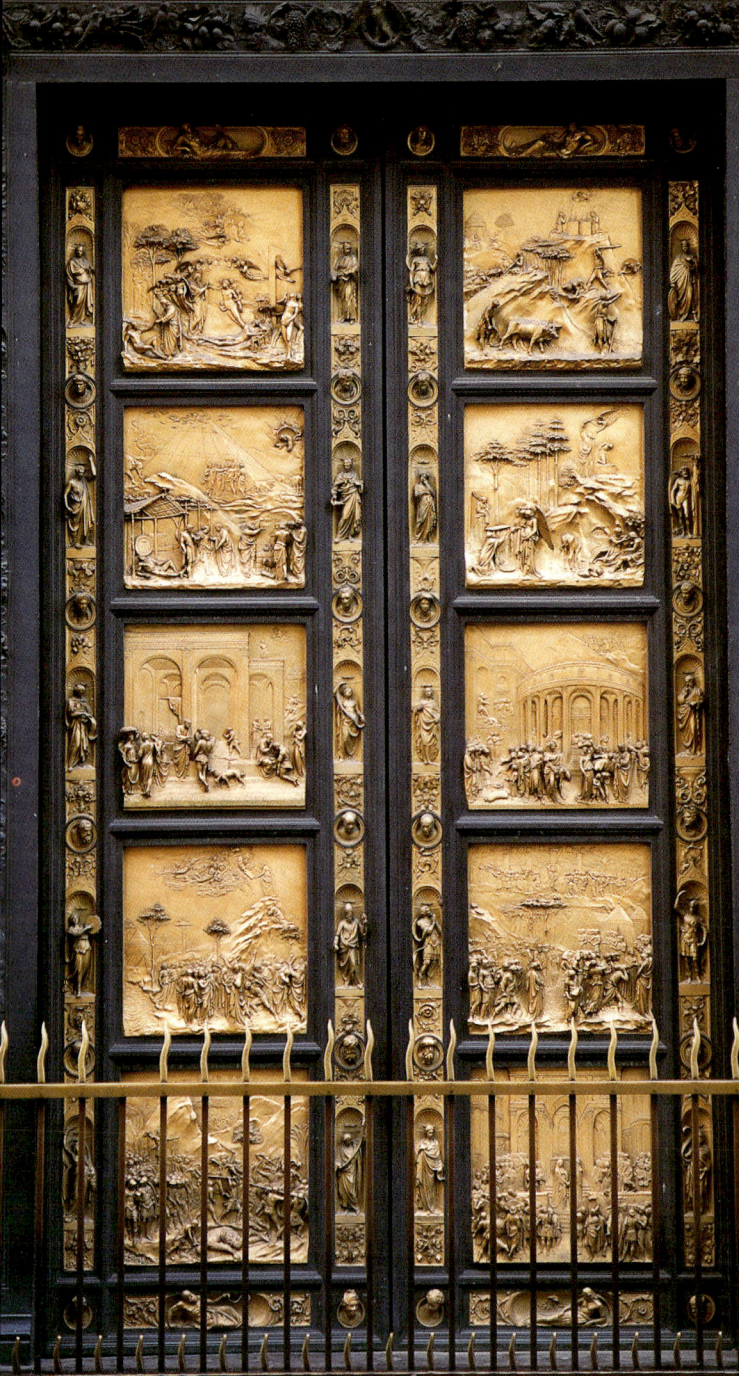

Vom Fußball und den Medici

Wissenswertes über die Stadt und ihre Eigenarten

Fußball

Der Name »Viola« steht im Geburtsregister. Höchstwahrscheinlich sind die Eltern jener Neugeborenen – wie praktisch alle Florentiner im Alter zwischen 5 und 85 – geradezu fanatische Fans des Fußballvereins *La Fiorentina,* nach seiner Vereinsfarbe kurz *La Viola* genannt. Im Juni 2004 hatte der Verein den Herausforderer Perugia »bezwungen«, die Stadt in einen nie zuvor erlebten Freudentaumel gestürzt und allen Neu-Florentinerinnen dieses Namens sozusagen fürs Leben einen Stempel aufgedrückt. Es hatte allerdings auch viel auf dem Spiel gestanden: 2002 war der Traditionsverein nach einer beispiellosen Reihe von Skandalen von der A-Liga in die *seria C 2* gestürzt, und erst das 1:1 gegen Perugia brachte *La Viola* nach zwei schmachvollen Jahren in die A-Liga zurück.

Dass der Fußball *(calcio)* in Florenz schon seit dem 16. Jh. wütet, wird alljährlich an San Giovanni (24. Juni), dem Fest des Stadtpatrons, beim *Calcio in Costume* klar. Auf der Piazza S. Croce spielen

Die Paradiestür des Baptisteriums von Lorenzo Ghiberti markiert den Beginn der Renaissance

dann 54 Männer in historischen Kostümen ein Fußballspiel jener Tage nach. Wie sehr sich beim *calcio* die Zeiten und Regeln geändert haben, können Sie daher jedes Jahr selbst miterleben – die hemmungslose Begeisterung der Florentiner blieb über die Jahrhunderte aber gleich.

Gay town

In der Arno-Stadt wurden immer schon Homosexuelle nicht nur toleriert, sondern als oftmals künstlerisch begabte, kultivierte Menschen gern gesehen. Einer von ihnen war Michelangelo, dem selbst für weibliche Skulpturen stets einer seiner männlichen Freunde Modell stand. Und noch heute leben in keiner anderen Stadt Italiens so viele Homosexuelle wie in Florenz.

Medici

Selten hat eine Familie über einen so langen Zeitraum die Geschichte einer Stadt geprägt. Der Urahn, *Giovanni di Bicci*, war Bankier in Rom. 1397 verlegte er den Hauptsitz in die aufstrebende Stadt am Arno. Sein Sohn *Cosimo* (1398 bis 1464), genannt *Il Vecchio* (der Ältere), war hoch begabt und ehrgeizig. Es gelang ihm, die Gunst des *popolo minuto*, des untersten Volksstandes, zu erringen. Dies ließ die alteingesessenen Familien um ihre Vormachtstellung fürchten, und 1432 kam es zur ersten Vertreibung der Medici (dies sollte sich 1494 und 1527 wiederholen). Schon nach zwei Jahren erzwangen seine Anhänger die Rückkehr Cosimos, der seine Macht festigte, indem er seine Gegner verbannte und die entscheidenden Ämter mit seinen Vertrauten besetzte. Unter Cosimo Il Vecchio wurden viele bedeutende Bauten in Florenz errichtet, z.B. das Kloster San Marco, der Palazzo Medici-Riccardi und die Badia Fiesolana. Sein Sohn *Piero* (1418–69), »der Gichtige«, mehrte sein künstlerisches Erbe.

Auf Piero folgte dessen Sohn *Lorenzo* (1449–92), der nach seinem Lebensstil den Beinamen *Il Magnifico* erhielt. In den 23 Jahren seiner Regierungszeit förderte er weiter die Künste, und es gelang

ihm, die ganze nördliche Toskana Florenz einzuverleiben. Als er nur 42-jährig starb, war Florenz geistiger und kultureller Mittelpunkt Europas. Doch unter seinem Sohn und Nachfolger *Piero II.* (1471–1503) verblassten in wenigen Jahren Macht und Ansehen der Familie.

Glanz bekam der Name erst wieder durch *Cosimo I.* (1519–74), der erst Herzog, dann Großherzog der Toskana war. Sein Sohn und Nachfolger *Francesco I.* (1541–87) und dessen Bruder *Ferdinando I.* (1549–1609) taten sich noch einmal als Mäzene und Bauherrn hervor.

Renaissance

Als vor mehreren Jahren die Piazza della Signoria und einige der umliegenden Straßen neu gepflastert wurden, kamen Fundamente des römischen *Fiorentia* zum Vorschein. Kurze Zeit konnte man die antiken Reste betrachten, dann

Cosimo I. de'Medici hoch zu Ross vor dem Palazzo Vecchio

City Sightseeing Firenze

Mit dem Doppeldecker die Stadt erobern

Sie verbreiten automatisch Ferienlaune und Entdeckungslust, die roten, bunt bemalten Doppeldeckerbusse, mit denen Sie jetzt durch Florenz fahren können. Bei schönem Wetter betrachtet man die Stadt vom offenen Oberdeck – hoch über dem Touristengewimmel. Start- und Endhaltestelle ist am Bahnhof Santa Maria Novella, Sie können die Busse aber an jeder der 15 Haltestellen der Route besteigen und verlassen. Die Fahrkarte ist 24 Stunden gültig und kann beim Fahrer gelöst werden. *Sept.–Mai halbstündlich 9–19, Juni–Aug. bis 23 Uhr, Ticket 20 Euro pro Person*

wurde alles wieder zugeschüttet. Florenz versteht sich lieber als die Stadt der Renaissance denn als die der Antike – immerhin stammen die berühmtesten Renaissancekünstler hier aus Florenz oder der nahen Umgebung.

Zu den genialen Baumeistern des 15./16. Jhs., deren Bauten noch heute das Bild des Zentrums prägen, gehören: *Leon Battista Alberti* (1404–72), Architekt und Schriftsteller, dem die Stadt die herrliche Fassade der Kirche Santa Maria Novella verdankt, – dann *Sandro Botticelli* (1445–1510), dessen Malereien heute einen der Hauptanziehungspunkte der Uffizien bilden, *Filippo Brunelleschi* (1377–1446), der Erbauer der Domkuppel; weiter der berühmte Bildhauer der Florentiner Frührenaissance *Donatello* (ca. 1386–1466), dessen Werke vor allem in den Kirchen Santa Croce und San Lorenzo, im Bargello und im Dommuseum zu sehen sind. Es folgen der Schöpfer der Paradiestür am Baptisterium, *Lorenzo Ghiberti* (1378–1455) sowie der Begründer der italienischen Renaissancemalerei, *Masaccio* (1401–28), der die Cappella Brancacci in Santa Maria del Carmine freskierte.

Zwei Künstler jener Zeit fallen aus dem Rahmen: das Universalgenie *Leonardo da Vinci* (1452 bis 1519), zugleich Maler, Zeichner, Naturforscher und Architekt. Da er im nahe gelegenen Vinci geboren ist, sind sowohl im dortigen Museum als auch in den Uffizien seine Werke zu sehen. Das andere Genie, *Michelangelo* (1475–1564), war nicht nur Maler, Architekt und Dichter, sondern einer der bedeutendsten Bildhauer der nachantiken Kunst. Seine Hauptwerke in Florenz sind die Kolossalstatue des David und andere, in der Galleria dell'Accademia und in der Casa Buonarotti ausgestellte Statuen. Zu seinen architektonischen Meisterwerken gehören die Neue Sakristei in San Lorenzo und die Treppenanlage der Biblioteca Laurenziana. Von besonderer Bedeutung für Florenz war in der Folge noch *Giorgio Vasari* (1511–74), ebenfalls Maler, Schriftsteller und Erbauer u.a. der Uffizien.

Feste, Events und mehr

Kultur ist in Florenz groß geschrieben – aber es gibt interessante Alternativen

Ob die grandiosen Konzerte, Ballettabende und Opern des Maggio Musicale Fiorentino oder die Sommerfestspiele der Estate Fiesolana,

Stets im Juni: Calcio in Costume

die Internationale Schwertlilienschau, die Handwerksmesse im Garten des Palazzo Corsini oder die großen Antiquitätenmessen und Weinfeste im Herbst – jeder findet in Florenz etwas nach seinem Geschmack. Alle Events unter *www.italiafestival.it.*

Feiertage

1. Januar, Ostersonntag und -montag, 25. April *(Anniversario della Liberazione* – Tag der Befreiung vom Faschismus), **1. Mai** *(Festa del Lavoro* – Tag der Arbeit), **24. Juni** (*S. Giovanni* – Tag des Stadtpatrons), **2. Juni** *(Proclamazione della Repubblica* – Tag der Republik*),* **15. August** *(Ferragosto* – Mariä Himmelfahrt), **1. November** *(Ognissanti* – Allerheiligen), **8. Dezember** *(Immacolata Concezione),* **25./26. Dezember** *(Natale, S. Stefano)*

Feste und Veranstaltungen
März/April

25. März (Mariä Verkündigung) Volksfest auf der Piazza delle Annunziata
Ostersonntag ⭐ *Scoppio del Carro* ein rinascimentales Feuerwerksspektaktel zwischen Dom und Baptisterium

Mai/Juni

⭐ *Maggio Musicale Fiorentino*: Acht- bis zehnwöchige internationale Musik- und Theaterfestspiele an mehreren Spielstätten, *Kartenbestellung unter Tel. 055 21 11 58, tickets@maggiofiorentino.com*
2.–20. Mai: *Mostra dell'Iris*, große Schwertlilienschau unterhalb des Piazzale Michelangelo

Drittes Maiwochenende: <mark>Artigianato & Palazzo</mark> im Garten des Palazzo Corsini sul Prato (Via della Scala, 115), Fertigung und Verkauf von schönem Kunsthandwerk

24. Juni: ★ *Calcio in Costume* zu Ehren des Stadtheiligen, ein Ballspiel in mittelalterlichen Kostümen, auf der Piazza Santa Croce, am Abend am Piazzale Michelangelo großes *Feuerwerk*, das man am schönsten vom gegenüberliegenden Arno-Ufer aus genießt

Juli/August
Aufführungen der *Estate Fiesolana* mit Konzerten, Theater-, Film- und Ballettveranstaltungen an besonders schönen Spielstätten im Freien
Florence Dance Festival: Internationale Tanzveranstaltungen, oft mit Workshopcharakter, im Amphitheater in den Cascine, *Kartenbestellung unter Tel. 055 21 08 04, www.ticketone.it*
10. Aug.: Konzert und *Straßenfest* auf der Piazza S. Lorenzo

September/Oktober
7. Sept.: <mark>Festa della Rificolona,</mark> Laternenfest mit Tausenden von Lampions auf der Piazza della SS. Annunziata und auf dem Arno
Letzter Sonntag im September: *Festa dell'Uva* in Impruneta, das größte Weinfest des Chianti *(nach Impruneta CAP-Bus 80 ab Largo Alinari)*
Mitte September bis Ende Oktober: *Festival Internazionale Musica dei Popoli,* Musikkultur aus vielen Ländern

Biennale Mostra Mercato Internazionale dell'Antiquariato: in Jahren mit ungerader Jahreszahl große internationale Antiquitätenmesse im Palazzo Corsini sull'Arno

November/Dezember
Festival dei Popoli: Anfang Dezember Filmfest mit wechselnden aktuellen Themen
Höhepunkt der *Stagione Lirica*, der Konzert- und Theatersaison, Spielstätten sind außer dem Teatro del Maggio Musicale das Teatro della Pergola und das Teatro Verdi sowie eine Vielzahl von kleinen Bühnen, *Auskunft und Kartenbestellung unter Tel. 055 21 08 04 und www.ticketone.it*

Beliebt: historische Konzerte

Kunst, so weit das Auge reicht

Die ganze Stadt ist ein Augenschmaus: die schönsten Kirchen und Plätze, Brücken und Gärten

Ganz Florenz ist ein großes, lebendiges Kunstwerk. Im Lauf der Jahrhunderte wetteiferten über 1200 Künstler darin, die Stadt auszuschmücken: In 69 Kirchen, 85 Palästen und 65 Museen, aber auch auf vielen Brücken, Plätzen und Straßen begegnen Ihnen ihre Werke. Laut einer italienischen Statistik besitzt die Toskana zwei Drittel aller Kunstschätze Italiens, den größten Teil davon die Provinz Florenz. Bei diesem Superangebot an Kunst muss man sich beschränken, auszuwählen ist unerlässlich.

Wenn Sie sich für Michelangelo interessieren, sind – neben den Museen – die Alte Sakristei von San Lorenzo und die Biblioteca Medicea Laurenziana sehenswert.

Oder ziehen Sie die Werke Brunelleschis vor? Sehen Sie sich das Findelhaus auf der Piazza della Santissima Annunziata, Santo Spirito, die Pazzi-Kapelle von Santa Croce an – und besteigen Sie die mächtige Domkuppel! Schöne spätromanische Bauten des 11. Jhs. sind die Kirche San Miniato al Monte über

Fassadendetail vom Palazzo Vecchio

dem südlichen Arno-Ufer, das Baptisterium und Santissimi Apostoli. Und Fresken? San Marco mit dem Gesamtwerk des Fra Angelico, die Werke Giottos in Santa Croce und die Kirche Santa Maria Novella werden Ihre bevorzugten Ziele sein. Ein Muss ist sicherlich Santa Maria del Carmine auf der anderen Arno-Seite, im Oltrarno, wo Masaccio die Brancacci-Kapelle ausgemalt hat.

Überhaupt, der Oltrarno! Hier in den Vierteln Santo Spirito und San Frediano leben und arbeiten seit jeher die Handwerker, die Schreiner, Schnitzer, Schmiede, Vergolder und Buchbinder; man kann ihnen durch die meist offenen Türen bei der Arbeit zusehen. Antiquitätenhändler von Weltruf residieren in den Palästen der Via

Die Kuppel des Doms Santa Maria del Fiore beherrscht das Stadtbild von Florenz

Die lange Passage der Uffizien führt bis zum Palazzo Vecchio

Maggio und der Via Santo Spirito. Auch der imposante Palazzo Pitti und der weitläufige Boboli-Garten befinden sich auf dieser Flussseite.

Das mittelalterliche Florenz liegt um den Palazzo Vecchio. Tauchen Sie neugierig ein in dieses faszinierende Gewirr enger Gassen, den plötzlich sich öffnenden Plätzen mit kleinen Kirchen, den Treppen, Balustraden, Torbögen und Brunnen – Florenz ist klein, und die fast überall sichtbare Domkuppel macht es unmöglich, sich zu verirren. Aber ziehen Sie sich bequeme Schuhe an! Die Bürgersteige sind oft schmal, das Pflaster holprig und alt.

AUSSICHTSPUNKT

Piazzale Michelangelo [118 B–C4]

Das große, immer belebte Aussichtsplateau mit Café, Restaurant, Bar und vielen Parkmöglichkeiten erhebt sich südlich über dem Arno. Eine weithin sichtbare Bronzekopie von Michelangelos *David* und den *Vier Tageszeiten* zu dessen Füßen beherrschen den Platz.

BIBLIOTHEKEN

Biblioteca Marucelliana [111 D1]

Die 1752 von Abt Francesco Marucelli öffentlich gemachte Bibliothek besitzt über 400 000 Bände, 2200 Handschriften, 500 Inkunabeln und eine große Sammlung von Zeichnungen aus dem 16.–19. Jh. *Mo–Fr 8.30–19, Sa bis 13.45 Uhr; 2. Augusthälfte geschl., Via Cavour, 43*

Biblioteca Medicea Laurenziana [110 C2]

Die 1578 vollendete Bibliothek beherbergt heute eine der wertvollsten Handschriftensammlungen der Welt, angefangen mit solchen von Cosimo Il Vecchio. Der architektonisch höchst eigenwillige Vorraum mit der grandiosen *Treppenanlage und die Sala Grande wurden von Michelangelo* entworfen, ebenso die Lesepulte und die hölzerne Decke. Der Fußboden wiederholt das Deckenmuster. *Mo–Sa 8.30–13.30 Uhr; Piazza S. Lorenzo, 9, Eingang links der Kirchenfassade*

Biblioteca Riccardiana/ Biblioteca Moreniana [111 D1]

Die *Biblioteca Riccardiana* wurde 1715 für das Publikum geöffnet; sie birgt heute mehr als 50 000 Bände, 700 Inkunabeln und über 4000

Handschriften. Die *Biblioteca Moreniana* hat einen reichen Bestand an Veröffentlichungen zur Geschichte der Stadt und der Toskana. *Di, Mi und Fr 8–14, Mo, Do 8 bis 17.30 Uhr, 2. Augusthälfte geschl., Via Ginori, 10*

BRÜCKEN

Ponte alla Carraia [116 C1]
An dieser Stelle wurde 1218 die zweite Brücke über den Arno gebaut, doch bereits einige Jahre danach riss sie eine Flut mit sich. Erst die 1559 von Ammanati entworfene Konstruktion mit ihren fünf Bögen blieb nahezu 400 Jahre unzerstört. 1944 beim Anmarsch der Alliierten von den Deutschen gesprengt, wurde sie später originalgetreu wieder aufgebaut.

Ponte alle Grazie [118 A2–3]
Nach dem Krieg wurde hier eine moderne Brücke nach Entwürfen des Architekten Giovanni Michelucci gebaut; der alte Ponte alle Grazie von 1237 war so solide errichtet, dass er bis zur Sprengung 1944 allen Hochwassern standgehalten hatte.

Ponte Santa Trinita [110 B5–6]
In drei leichten, eleganten Bögen überspannt diese Brücke scheinbar schwerelos den Fluss. Ihr Entwurf geht auf Michelangelo zurück und wurde 1567–70 von Ammanati ausgeführt. Die allegorischen Figuren der vier Jahreszeiten an den Brückenenden stammen von 1608. Als man nach Kriegsende an den Aufbau der zerstörten Brücke ging, fischte man die Reste aus dem Fluss und

MARCO POLO Highlights »Sehenswertes«

★ **Ponte Vecchio**
Am schönsten abends
(Seite 22)

★ **Forte di Belvedere**
Die Kanonen sind auf die
Stadt gerichtet (Seite 22)

★ **Battistero di San Giovanni**
Taufkirche mit beeindruckenden Portalen (Seite 23)

★ **Duomo di Santa Maria del Fiore**
Einmaliger Blick von der
Domkuppel (Seite 24)

★ **San Miniato al Monte**
Ein Heiliger über der
Stadt (Seite 28)

★ **Santa Croce**
Das Pantheon von Florenz
(Seite 29)

★ **Santa Maria del Carmine**
Die Masaccio-Fresken
(Seite 30)

★ **Santa Maria Novella**
Stadtgeschichte an
Kirchenwänden (Seite 30)

★ **Giardino di Boboli**
Eine grüne Oase – wunderschöner Park hinter dem
Palazzo Pitti (Seite 35)

★ **Piazza della Signoria**
Einfach stehen und
schauen (Seite 37)

öffnete zur Gewinnung der fehlenden Teile noch einmal die Steinbrüche im Boboli-Garten, aus denen ursprünglich die Steine zum Bau der Brücke stammten. Von der Brücke hat man besonders bei Sonnenuntergang einen herrlichen Blick flussabwärts auf den Ponte Vecchio.

Ponte Vecchio [110 C6]

★ ✺ 🏃 Die »Alte Brücke« ist eines der Wahrzeichen von Florenz. Schon zu Zeiten der Etrusker bestand ein Flussübergang, in römischer Zeit verlief hier die Via Cassia, einer der wichtigsten Handelswege Roms zum Norden. Die jetzige Brücke, die den Fluss an seiner schmalsten Stelle überquert, wurde 1345 von Neri di Fioravanti oder Taddeo Gaddi errichtet. Charakteristisch sind die überhängenden

Treffpunkt Ponte Vecchio

Brückenläden. Von 1422 bis 1593 gab es hier hauptsächlich Schlachter. Als die großherzogliche Familie in den Palazzo Pitti gezogen war, störte sie der Geruch, und Ferdinand I. verfügte, dass fortan nur noch Gold- und Silberschmiede auf der Brücke ihr Handwerk ausüben dürften.

Damit er trockenen Fußes vom Palazzo Vecchio zum Palazzo Pitti gelangen konnte, beauftragte Cosimo I. 1565 seinen Architekten Giorgio Vasari mit dem Bau des *Corridoio Vasariano*, der über den Läden der Ostseite entlangläuft. Der Ponte Vecchio blieb als einzige Brücke von der Sprengung durch die Deutschen 1944 verschont; um dies zu ermöglichen, wurden jedoch auf beiden Seiten der Brücke große Teile der alten Wohnquartiere zerstört. Heute ist die Brücke mit ihren Juwelierläden einer der Anziehungspunkte der Stadt.

Forte di Belvedere [117 E4]

★ ✺ 🏃 Als Ferdinand I. 1590 den Architekten Buontalenti mit dem Bau dieser Festungsanlage oberhalb von Florenz beauftragte, ließ er die Kanonen auch auf die Stadt richten: Die Medici waren sich ihrer Macht nie wirklich sicher. Im Innern liegt der elegante, dreistöckige *Palazzetto di Belvedere.* Hier und auf den weiten begrünten Wällen, von denen Sie einen großartigen Blick auf die Stadt und die Hügel haben, werden oft Ausstellungen veranstaltet *(Info Tel. 05 52 00 14 86, www.fi renzemostre.com).* Bei schönem Wetter auch ein idealer Picknickplatz! *Tgl. 10–17 (Kassenschluss 16) Uhr, Eintritt 6,50 Euro, Via S. Leonardo*

Lorbeer und Zitronenbäumchen

Ein Blick in die Privatgärten von Fiesole

Was in England schon lange Brauch ist, haben nun auch die Villenbesitzer Italiens übernommen: Unter dem Motto *Conoscere i giardini fiesolani* öffnen sie in den Sommermonaten ihre Gärten. Von April bis Juni und dann wieder im September/Oktober führen Gartenarchitekten donnerstags ab 16 Uhr eine Stunde lang durch die teils berühmten Parkanlagen am Hang von Fiesole. Manchmal reicht die Signora zum Abschluss auch noch Tee. Eine kostenlose Broschüre (ital./engl.) gibt zusätzliche Information. *Auskunft: Tel. 055 59 87 20, www.comune.fiesole.fi.it*

Fortezza da Basso [113 D–F 1–2]
Als die Medici aus der Vertreibung zurückkamen, beauftragte 1532 Herzog Alessandro den Baumeister Antonio Sangallo mit der Errichtung dieser mächtigen, sternförmigen Festungsanlage am Südende der Stadt, um gegen künftige Volksaufstände gewappnet zu sein. Sie schützte ihn nicht – kein äußerer Feind, sondern Lorenzino, ein entfernter Vetter, ermordete ihn nur fünf Jahre später und sicherte so der anderen Linie der Medici die Herrschaft über Florenz. Geplant ist, die Anlage zur Besichtigung freizugeben, inzwischen werden hier Ausstellungen und Messen veranstaltet. *Viale Filippo Strozzi*

KIRCHEN

Florenz ist voller Kirchen, und diese wiederum sind voll unermesslicher Kunstschätze. Wenn Sie sich über das hier Geschriebene hinaus informieren möchten, finden Sie in den meisten Kirchen Sprechsäulen, mit denen die einzelnen Werke, zum Teil anhand von Dias, auch auf Deutsch erläutert werden. Sammeln

Sie Münzen: Die Sprechsäulen und die Apparate zum Einschalten der Scheinwerfer in Kapellen werden damit gefüttert! Die Kirchen sind im Allgemeinen 8–12.30 und 15 bzw. 16–18 Uhr geöffnet.

Battistero di San Giovanni [111 D3]

★ Das Innere der achteckigen Taufkirche mit weißgrüner Marmorverkleidung beeindruckt vor allem durch das große byzantinische *Kupelmosaik* und den schönen *Mosaikfußboden* aus dem 12. Jh. Eine eingehende Betrachtung verdienen die drei *Bronzeportale* des Baptisteriums. Das berühmteste ist das zum Dom gerichtete, die so genannte *Paradiestür.* 26 Jahre, 1426–52, war man in der Werkstatt von Lorenzo Ghiberti mit der Fertigung des Portals beschäftigt. Auf zehn Bronzefeldern sind Szenen aus dem Alten Testament dargestellt. Der Glatzkopf in der rechten Leiste des linken Türflügels ist ein Selbstporträt Ghibertis. Einige der Reliefplatten wurden 1966 von der Flut des Arno weggespült und durch Kopien ersetzt; die Tür erstrahlt jetzt im Glanz ihrer neuen Vergoldung. Die restaurierten Originalplatten befinden sich im Dommuseum. Ebenfalls von Lorenzo Ghiberti stammt das *Nordportal* mit seinen 28 Feldern. Das älteste ist das *Südportal*, an dem Andrea Pisano 1330–36 die geistlichen und die weltlichen Tugenden darstellte. *So 8.30–13.30, Mo–Sa 12–18.30 Uhr, Eintritt 3 Euro, Piazza S. Giovanni*

Duomo di Santa Maria del Fiore [111 D–E3]

★ Der Dom mit seiner mächtigen Kuppel bestimmt weithin die Silhouette der Stadt. Sein Bau war gewissermaßen ein später Triumph, denn Pisa, Lucca, Pistoia, Prato und Siena hatten alle schon ihre prunkvollen Kathedralen, als sich die Stadtregierung 1296 endlich zum Bau einer neuen Kathedrale für Florenz durchrang und Arnolfo di Cambio mit ihrer Errichtung beauftragte. 1368 war der mächtige Bau vollendet – allerdings fehlte noch die Kuppel; sie wurde erst in den Jahren 1420–34 von Filippo Brunelleschi aufgesetzt. Der vorgesehene Kuppeldurchmesser von über 45 m warf bisher nie da gewesene Konstruktionsprobleme auf. Brunelleschis Konzept beruhte im Wesentlichen darauf, dass einander zugeneigte Körper sich gegenseitig stützen, und so baute er einen geschlossenen Kuppelring auf den anderen.

Wenn Sie sich zutrauen (Achtung: Einbahnstraße – umkehren nicht möglich!), die 463 Stufen bis zur ◆◆ *Laterne* durch das Kirchenschiff und die Doppelwand der Kuppel hochzusteigen, nehmen Sie nicht nur denselben Weg, den einst die Bauarbeiter zurücklegten, es bieten sich auch ==interessante Einblicke in== ==das »Innenleben« der Kuppel== – und am Ende ein toller Blick über die Stadt!

Der Dom von Florenz ist die viertgrößte Kirche der Christenheit. Seine Grundfläche beträgt 8300 m^2, seine Länge 160 m, das Langschiff ist 43 m breit, das Querschiff 90 m. Man ist von diesen Ausmaßen erst recht beeindruckt, wenn man das Innere des Doms betritt. Viele namhafte Florentiner Künstler haben zu seiner Ausschmückung beigetragen. Das große gemalte Reiterbild (das zweite auf der linken Seite) stellt den Söldnerführer *John Hawkwood* dar, der für Florenz einst eine Schlacht gewann; es wurde 1436 von Paolo Uccello gemalt und diente als Vorbild für alle späteren Reiterstandbilder. Das Reiterbild des *Niccolò da Tolentino* daneben stammt von Andrea del Castagno (1456). Sehr schön sind die bunten *Rundfenster* an der Basis der Kuppel, deren Entwürfe von einigen der berühmtesten Künstler des 14. Jhs. stammen, und die grandiosen Fresken des *Weltgerichts*, mit denen die Kuppel 1572–79 von Giorgio Vasari und Federico Zuccari ausgemalt wurde.

Die bunt glasierten *Terrakottareliefs* über den Eingängen der beiden Sakristeien stammen, wie auch die *Bronzetür* zur Neuen Sakristei links vom Hauptaltar, von Luca della Robbia (1444–69). In diese Sakristei rettete sich am Ostersonntag des Jahres 1478 Lorenzo Il Magnifico vor den Häschern der rivalisierenden Pazzi-Familie. Giuliano de'Medici, sein Bruder, wurde vor dem Hauptaltar niedergemacht.

Über den Sakristeitüren waren ursprünglich auch die berühmten *Sängerkanzeln* von Donatello und

Blick von der 91 m hohen Renaissancekuppel des Doms über die Stadt

Luca della Robbia angebracht. Sie sind jetzt – wie auch die Marmorgruppe der *Pietà* von Michelangelo, die früher in der linken Seitenkapelle stand – im Dommuseum, das man unbedingt besuchen sollte.

Eine Treppe rechts vom Haupteingang führt hinab in die 1966 freigelegten Reste der frühchristlichen Vorgängerkirche *Santa Reparata,* in der sich auch das Grab Brunelleschis befindet. 2000 wurde ein dort aufgefundenes Skelett eindeutig als das von Giotto (1267 bis 1337) identifiziert, das man neben Brunelleschi beisetzte. Von außen ist der Dom – wie das Baptisterium – mit weißem Carrara-Marmor und grünem Marmor aus Prato verkleidet. Die bis dahin unverkleidete Vorderfront erhielt erst 1887 ihre neugotische Fassade.

Neben dem Dom steht der ◁▷ *Campanile* (Glockenturm), den Giotto entwarf, und der 1334–59 errichtet wurde. Er gilt aufgrund seiner harmonischen Proportionen und Farbigkeit als einer der schönsten Italiens. Auch er ist im Inkrustationsstil mit weißem, rotem und grünem Marmor verkleidet. Den unteren Teil schmücken 54 Flachreliefs aus der Schule Andrea Pisanos, in den Nischen darüber stehen Heiligen-, Propheten- und Sibyllenstatuen u. a. von Donatello (Kopien, Originale im Dommuseum). Die Besteigung des Campanile ist nicht allzu anstrengend: 414 bequeme Stufen führen zu der Balustrade des Flachdachs und zu einem faszinierenden Ausblick. *Dom Mo bis Sa 10–17, Do und 1. Sa im Monat nur bis 15.30, So 13.30–16.45 Uhr; Kuppel Mo–Sa 8.30–18.30 Uhr, Eintritt 6 Euro; Campanile tgl. 8.30–18.50 Uhr, Eintritt 6 Euro; Gruft Mo–Fr 9.30–17.40, Sa bis 16 Uhr, Eintritt 3 Euro*

Ognissanti [113 D5]

Die Allerheiligenkirche ist das typische Beispiel einer von den mächtigen Familien der Stadt gesponserten Kirche. Die reiche Familie der Vespucci stiftete nicht nur einen Großteil der Ausstattung, sondern 1380 auch das angrenzende Hospital *San Giovanni di Dio*, das bis vor kurzem noch als Krankenhaus genutzt wurde. Im zweiten Kirchenaltar rechts breitet eine *Schutzmantelmadonna* (ein frühes Werk Ghirlandaios, um 1473) ihren Mantel über den Mitgliedern der Familie Vespucci aus. Der junge Mann unter ihrem rechten Arm ist vermutlich der Seefahrer Amerigo Vespucci, nach dem Amerika benannt wurde. In der zweiten Kapelle des rechten Querschiffs zeigt eine runde Steinplatte die Grabstelle des großen Florentiner Frührenaissancemalers Sandro Botticelli an, von dem auch das Fresko des hl. Augustinus im Refektorium des Klosters stammt. Beachtenswert ist das große *Abendmahlfresko* in diesem Raum; Domencio Ghirlandaio malte es 1480, einige Jahre später übernahm Leonardo da Vinci die Art der paarweisen Anordnung der Apostelfiguren für sein berühmtes Abendmahlfresko in Mailand. *Cenacolo del Ghirlandaio Mo–Sa 9 bis*

12 und 16–19, So 16–18 Uhr; Piazza Ognissanti

Orsanmichele [111 D4]

Ein kurzer Besuch der Kirche Orsanmichele, an der Via Calzaiuoli zwischen Piazza della Signoria und Piazza Duomo gelegen, ist für jeden Florenzbesucher ein Muss. Die Geschichte dieses Gotteshauses, das eher einem mittelalterlichen Palast als einer Kirche gleicht, ist typisch für den praktisch orientierten Sinn der Florentiner. Als die schon im 8. Jh. erwähnte Kapelle *San Michele in Orto* durch eine Feuersbrunst zerstört worden war, befahl die Signoria 1336 den Zünften den Bau einer neuen Kirche. Die offene Pfeilerhalle des Untergeschosses diente – neben ihrer Funktion als Andachtsraum – gleichzeitig als Markthalle, die darüber liegenden Stockwerke waren Getreidespeicher. Um die Mitte des 14. Jhs. schloss man die Arkaden der Loggia im Erdgeschoss mit Drillingsfenstern, und um das 1347 von Bernardo Daddi gemalte Bildnis der *Gnadenmadonna* errichtete Andrea Orcagna ein monumentales gotisches Tabernakel.

Entspannen & Genießen

Das Angenehme mit dem Nützlichen verbinden

In der *Ultimate Beauty Factory* ist es möglich: Während Sie eine belebende Gesichtsmaske genießen, frisiert, manikürt und massiert werden oder die fehlende südliche Sonne auf der Bank nachholen, besorgt man Ihnen im angeschlossenen *Box Office* Karten für jedes Event der Stadt – soweit noch verfügbar. Unglaublich bequem und entspannend. Sie können natürlich auch nur einen der Dienste in Anspruch nehmen. *Di–Sa 10–20 Uhr, Chiasso dei Soldanieri, 6r–8r* [110 B4], *Frisör: Tel. 055 29 33 93, Sonne: Tel. 05 52 81 8 38, Karten: Tel. 055 21 94 02*

Ganz mit Halbedelsteinen ausgekleidet: Cappella dei Principi in San Lorenzo

Der Getreidemarkt wurde 1361 aus dem Erdgeschoss verlegt, die beiden oberen Stockwerke bis weit ins 16. Jh. als Getreidelager genutzt. Scharten in den Nordpfeilern lassen noch erkennen, wo in Notzeiten das Getreide herabgelassen wurde – man verteilte es kostenlos an Bedürftige und hoffte, so die Stadt vor Aufständen zu bewahren. Heute werden in den oberen Stockwerken Ausstellungen veranstaltet – eine gute Gelegenheit, auch die schönen gotischen Räume zu betrachten.

In 14 Nischen an der Außenseite der Kirche sind Statuen der Schutzheiligen der Zünfte aus der Hand bedeutenden Renaissancebildhauer aufgestellt. Die meisten Statuen, auch Donatellos berühmte *Marmorstatue des hl. Georg*, des Patrons der Waffenschmiede, wurden durch Bronzekopien ersetzt, die Originale befinden sich im *Museo del Bargello. Tgl. 8.15–12 und 16–18 Uhr; 1. und letzter Mo des Monats geschl., Via dei Calzaiuoli*

San Lorenzo [110 C1–2]

Es gibt keinen Stein in dieser Kirche, der nicht irgendwie an eine Persönlichkeit aus dem Hause der Medici erinnert. Giovanni di Bicci de'Medici, der Stammvater, beauftragte Brunelleschi um 1420 mit der Erweiterung des frühchristlichen Gotteshauses, das schon 393 dem hl. Lorenz geweiht worden war. Brunelleschi beendete 1428 zunächst die Alte Sakristei *(Sagrestia Vecchia)*, den ersten Zentralraum der Renaissance. Cosimo der Ältere, der Sohn Giovannis, führte nach dessen Tod den Bau der Kirche bis zu ihrer Vollendung 1446 weiter. Er liegt in der Krypta begraben. Eine vielfarbige, runde Steinplatte vor dem Hauptaltar bezeichnet die Stelle. Neben seinem Freund und Mäzen Cosimo Il Vecchio fand Donatello seine letzte Ruhestätte.

Zur endgültigen Umwandlung des Kirchenkomplexes in ein großes Mausoleum, den *Cappelle Medicee*, trug Papst Leo X., Urenkel Cosimos,

Weithin sichtbar: die Fassade von San Miniato al Monte

entscheidend bei, als er Michelangelo mit dem Bau der Neuen Sakristei *(Sagrestia Nuova)* beauftragte. Hier stehen die bedeutenden Grabmäler für Lorenzo Il Magnifico, seinen Bruder Giuliano und deren Nachkömmlinge Giuliano, Herzog von Nemours, sowie Lorenzo, Herzog von Urbino – alle ebenfalls aus der Hand Michelangelos. Zu Beginn des 17. Jhs. fand die Verherrlichung der Herrscherfamilie mit dem Bau der ganz mit Halbedelsteinen ausgekleiden Fürstenkapelle *(Cappella dei Principi)* ihren Abschluss. Der Entwurf dazu stammt von Giovanni, Sohn Cosimos I.

Zum Kreuzgang und der *Biblioteca Laurenziana* gelangt man durch eine Tür links neben der Kirche. Es gab Ausschreibungen für die Gestaltung der Rohsteinfassade, auch Pläne von Michelangelo liegen vor, wurden aber nie ausgeführt. *Kirche Mo–Do 9.30–17, Fr/ Sa 10–17 Uhr, Eintritt 2,50 Euro; Cappelle Medicee tgl. 8.15–17 Uhr, 2., 4. So und 1., 3., 5. Mo im Mo-* *nat geschl., Eintritt 6 Euro, 18–25 Jahre 3 Euro, unter 18 und über 65 Jahren frei, Vorbestellung unter Tel. 055 29 48 83, Aufschlag 3 Euro/ Person, Piazza degli Aldobrandini*

San Miniato al Monte [118 B–C5]

★ ⚜ Weithin sichtbar steht dieses Kleinod romanischer Baukunst auf einem Hügel südlich des Arno. Vom Vorplatz der Kirche haben Sie einen Traumblick auf Florenz. Schon zu Zeiten Karls des Großen stand hier eine Kirche; vermutlich wurde sie über dem Grab des hl. Minias errichtet, der 250 n. Chr. im Zuge der Christenverfolgung den Märtyrertod starb. Seine Gebeine werden in einem Schrein der Krypta aufbewahrt. Die jetzige Basilika wurde 1018 bis 1207 errichtet. Die Fassade im Inkrustationsstil ist mit weißem Carrara-Marmor und dunkelgrünem Serpentin belegt. Fußboden, Chorschranken und Kanzel sind mit kostbaren Marmoreinlegearbeiten geschmückt. Das Apsismosaik mit dem *Thronenden Christus* von 1297 wurde mehrfach restauriert. Am Ende des Mittelschiffs, zwischen den Treppen, die zum erhöhten Chor führen, steht ein tonnengewölbtes *Marmortabernakel* von Michelozzo (1448) mit Kassettenrosetten und farbigen Majolikaschindeln von Luca della Robbia. Die Altartafeln (um 1396) stammen aus der Werkstatt Agnolo Gaddis. Im linken Seitenschiff befindet sich die *Kapelle des Kardinals von Portugal,* der 25-jährig 1439 in Florenz starb. Das Grabmal wurde von Rossellino gestaltet, die Decke der Kapelle und die Rundbilder aus farbig glasierter Terrakotta von Luca della Robbia (1461–66).

Die Kirche und der angebaute *Palazzo dei Vescovi* gehörten 1373 bis 1552, wie auch heute wieder, den Olivetanern, einer Benediktinerkongregation. Links von der Kirchenfassade – vorbei am Laden, in dem die Mönche Kräuterlikör verkaufen – liegt der *Cimitero delle Porte Sante,* wo verdiente Florentiner Bürger ihre letzte Ruhestätte fanden. *Tgl. im Sommer 8.30–19, im Winter 8–12.30 und 14.30–19.30 Uhr, Via del Monte alle Croci*

Santa Croce [118 B2]

★ Santa Croce ist die Hauptkirche der Franziskaner in Florenz. Schon kurz nach dem Tod des hl. Franziskus 1226 errichteten seine Anhänger hier eine kleine Kapelle, die jedoch bald die Zahl der Gläubigen nicht mehr aufnehmen konnte, sodass man bereits 1294 den Grundstein für den mächtigen gotischen Neubau legte, der 1385 fertiggestellt wurde. Mit einer Länge von 115 m, einer Breite des Mittelschiffs von 38 m und einer Balkenkreuzbreite von 73 m übertraf Santa Croce nun an Ausdehnung die kurz zuvor voll-

endete Kirche Santa Maria Novella des rivalisierenden Dominikanerordens. Der Innenraum mit dem offenen, bemalten Dachstuhl und einem geraden Chorabschluss zeigt die für Bettelordenskirchen typische schlichte Architektur. Bei einem Rundgang durch das große Gotteshaus begreift man, warum die Kirche auch als das Pantheon von Florenz bezeichnet wird: 278 Grabplatten des 14.–19. Jhs. sind in den Fußboden eingelassen. Galileo, Machiavelli, Michelangelo, Ghiberti, der Komponist Rossini und viele andere haben prächtig ausgeführte *Grabmäler.* Auch Dante, der in der Verbannung in Ravenna gestorbene größte Dichter Italiens, wird hier mit einem 500 Jahre nach seinem Tod geschaffenen Denkmal geehrt. In den rechts neben dem Hauptaltar liegenden *Grabkapellen der Bardi und Peruzzi* wurden von Giotto in den Jahren 1316–30 bedeutende Wandmalereien angebracht, die zu den herausragenden dieser Epoche zählen. Auch die anderen Kapellen sind mit kostbaren Fresken geschmückt. Die herrliche *Marmorkanzel* stammt von Benedetto da Maiano, das *Verkündigungstabernakel* aus grauem Sandstein mit Vergoldung, hinter dem fünften Pfeiler rechts, ist ein bedeutendes Werk Donatellos (1435).

Rechts neben der Kirche – die erst 1853 ihre neugotische Fassade erhielt – befindet sich der Eingang zu den Klosterhöfen mit der *Cappella dei Pazzi* und dem *Museo dell' Opera di Santa Croce.* Die Pazzi-Kapelle mit ihren klaren, ganz in Weiß und Grau gehaltenen Formen ist eine der glücklichsten Schöpfungen der Florentiner Frührenaissance, erbaut 1429–44 vermutlich von Brunelleschi. Die *Medaillons* aus glasierter Terrakotta schuf Luca della Robbia. Im Kirchenmuseum sind Werke der Florentiner Sakralkunst ausgestellt. *Kirche und Museum Mo–Sa 9.30–17.30, So 13 bis 17 Uhr, Eintritt 4 Euro, Piazza S. Croce*

Santa Felicità [117 E2]

Jenseits des Arno, an der Piazza Santa Felicità gleich hinter dem Ponte Vecchio, lag vermutlich die erste christliche Kirche von Florenz. Unter dem Fußboden gefundene Grabsteine mit griechischen Inschriften lassen dies vermuten. Das 1739 im hochbarocken Stil umgebaute Innere der frühchristlichen Basilika birgt zwei Schätze des Manierismus: das Altarbild der *Kreuzabnahme* und das Fresko der *Verkündigung* von Pontormo (1525–28). *Mo–Sa 9–12 und 15.30–18, So 9–13 Uhr, Piazza S. Felicità*

Santa Maria del Carmine [116 B2]

★ Die schöne Kirche mit ihrer schmucklosen Rohsteinfassade birgt einen großen Schatz der Renaissancemalerei: den Freskenzyklus mit Szenen aus dem Leben Petri in der *Cappella Brancacci.* Als der ursprüngliche Bau der Karmeliterkirche (ab 1268) bei einem Brand 1771 fast vollständig zerstört wurde, blieb diese Kapelle an der rechten Stirnwand des Querschiffs vom Feuer verschont. Man betritt sie heute vom Klosterhof, Eingang rechts neben der Fassade. Der 15-teilige *Freskenzyklus,* begonnen 1423 von Masolino da Panicale und Masaccio, wurde 1483 von Filippino Lippi vollendet. Besonders die Fresken Masaccios (größtenteils an der linken Wand der Kapelle) gelten wegen ihrer genialen

Darstellung von Licht und Schatten und der geometrischen Verteilung der Personen als richtungsweisend für die nachfolgende Kunst. Nach einer durchgreifenden Restaurierung besitzen die Fresken jetzt wieder ihre ursprüngliche Farbkraft. *Kapelle (nur nach Vorbestellung Tel. 05 52 76 82 24 oder 05 52 76 85 58) Mo und Mi–Sa 10–17, So 13–17 Uhr, Eintritt 4 Euro, Piazza del Carmine*

Santa Maria Novella [110 A2]

★ »In der ehrwürdigen Kirche Santa Maria Novella...«, beginnt das erste Kapitel aus Boccaccios *Decamerone,* einer Geschichte, die zur Zeit der Pest spielt, welche im 14. Jh. in Florenz grausam wütete. Die Überlebenden stifteten zahlreiche Kapellen der Kirche. Dieser erste gotische Bau der Stadt wurde um 1246 begonnen und 1300 vollendet. Die Außenmauern sind nach Art des Baptisteriums mit weißem und grünem Marmor verkleidet. Der obere Teil der Fassade wurde allerdings erst 1470 mit Mitteln des Florentiner Kaufmanns Giovanni Rucellai vollendet.

Auch das Innere dieser Kirche verdient eine eingehende Betrachtung. Die großen *Freskenzyklen,* auf denen viele Florentiner Bürger porträtiert sind, und die einen Eindruck vom Wohnstil und der Mode der damaligen Zeit vermitteln, entstanden meist im 15. Jh. Zu den schönsten gehören die Fresken Domenico Ghirlandaios in der *Hauptchorkapelle* (1486–90 mit Szenen aus dem Leben Mariä), die Fresken der *Cappella Strozzi* rechts neben dem Hauptaltar von Filippino Lippi und die düsteren Visionen des *Jüngsten Gerichts* von Nardo di Cione (um 1357) in der *Cappella Strozzi di Mantova.* Im dritten Joch links malte Masaccio kurz vor seinem Tod 1428 ein bereits perspektivisch exakt durchkonstruiertes *Dreifaltigkeitsfresko.* Außerdem birgt die Kirche auch Werke von Brunelleschi (die Marmorkanzel und ein Holzkruzifix in der *Cappella Gondi,* links neben der Hauptchorkapelle), Giotto (Kruzifix) und Giovanni della Robbia.

Der benachbarte Grüne Kreuzgang *(Chiostro verde)* von 1332, den Paolo Uccello mit Szenen der Schöpfungsgeschichte ausmalte (leider schlecht erhalten), und die Spanische Kapelle *(Cappella Spagnola)* mit den Fresken zum *Triumph des Dominikanerordens* von Andrea da Firenze lohnen ebenfalls einen Besuch. *Kirche: Mo–Do und Sa 9.30 bis 17, Fr und So 13–17 Uhr; Eintritt 2,50 Euro; Kreuzgänge (Eingang links neben der Fassade): Sa–Do 9–17, So bis 14 Uhr, Eintritt 2,70 Euro, Piazza S. Maria Novella*

Santa Trìnita [110 B5]
Einst eine bedeutende Kirche der Stadt, deren Ursprung auf die 2. Hälfte des 11. Jhs. zurückgeht, birgt Santa Trìnita neben vielen anderen Kunstschätzen zwei Hauptwerke von Domenico Ghirlandaio,

so die *Fresken der Cappella Sassetti* und die herrliche *Anbetung der Könige* von 1485. *Mo–Sa 9–12 und 15.30–18 Uhr, Piazza S. Trìnita*

Santissimi Apostoli [110 B5]
Die Apostelkirche ist eine sehr schöne kleine Pfarrkirche etwas abseits der Touristenpfade. Sie wurde im 11. Jh. in Form einer altchristlichen Basilika mit halbkreisförmiger Apsis erbaut – laut einer Tafel an der Fassade eine Stiftung von Karl dem Großen, was sich aber inzwischen als Legende herausstellte. Die schwarzgrünen Marmorsäulen des Innenraums stammen zum Teil aus nahe gelegenen römischen Thermen. Der bemalte Dachstuhl (14. Jh.) ist der am besten erhaltene in der Stadt. Vom Kirchenvorplatz führt ein schmaler Gang durch die Häuserzeile des Lungarno Corsini zum Fluss. *Tgl. 10–12 und 16–19 Uhr, Piazza del Limbo*

Santo Spirito [116–117 C–D2]
Dies ist die Kirche des Augustinerordens. Die Augustiner von Santo Spirito hatten sich Mitte des 13. Jhs. hier niedergelassen, und schon bald wurde die von ihnen geführte

Richtig fit!

Joggen durch den Park der Cascine

Wenn die Florentiner den staubigen Straßen des Zentrums entfliehen wollen, joggen sie in den 1,18 km^2 großen Grünanlagen der *Cascine,* die sich 3 km am Arno-Ufer entlangziehen. Hier lässt es sich im Schatten der Bäume gut laufen. Und auf den geteerten Alleen, die den Park durchziehen, treffen Sie die Rollerblader. Haben Sie zudem das passende Outfit dabei, können Sie in den Cascine auch Tennis spielen (Auskunft durch den Hotelportier).

Schule zu einem Zentrum humanistischer Studien. 1438–82 entstand nach Plänen Brunelleschis die Kirche mit ihrer wohl proportionierten, doch völlig schmucklosen Fassade. Der Innenraum mit seinen 47 Säulen aus grauem Sandstein besticht durch die Klarheit der Raumaufteilung – unterbrochen nur von dem barocken Baldachinaltar. Besondere Beachtung verdient ein Altarbild von Filippino Lippi (1488) in der fünften Kapelle des rechten Querschiffs. Im ehemaligen *Refektorium* – man betritt es links neben der Fassade – malte Andrea Orcagna ein Abendmahlfresko (1360) und eine Kreuzigungsszene. Hübsch ist auch die 🏃 *Piazza S. Spirito,* die mit ihren Bars und Lokalen zum Treffpunkt des Oltrarno wurde. *Kirche Do–Di 10–12 und 16–18, Mi nur 10–12 Uhr; Refektorium Di–So 9–14, im Winter 10.30–13 Uhr, Eintritt 2,20 Euro, Piazza S. Spirito, 29*

Insider Tipp

LOGGIEN

Die nach mindestens einer Seite offenen, gewölbten Säulenhallen waren im Florenz des 14.–16. Jhs. beliebt als öffentliche Markthallen und als privater Empfangsraum.

Loggia del Bigallo [111 D3]

An der Ecke der Piazza S. Giovanni beim Dom ließen Laienbrüder ausgesetzte Kinder in ihrer Loggia spielen, um Pflegeeltern für sie zu finden. Die 1244 gegründete Bruderschaft der *Misericordia* hatte den spätgotischen Bau 1352 in Auftrag gegeben; 1425 vereinigte sie sich mit der Bruderschaft *Santa Maria del Bigallo,* deren Namen die Loggia trägt. Während unten in der Unfallstation der *Misericordia* Ärzte unentgeltlich praktizieren, befindet sich im oberen Stockwerk eine kleine, für die Tätigkeit des Ordens aufschlussreiche Kunstsammlung. *Mo 8.3–12, Do 16–18 Uhr, im Nov. nur Mo, Piazza S. Giovanni, 1*

Loggia della Signoria [111 D5]

🏃 Manch einem mag diese Loggia bekannt vorkommen: Sie diente dem Bayernkönig Ludwig I. als Muster für die Feldherrnhalle in München. Schon in den Jahren 1376–82 ließ die

Literatur zu Florenz

Die Stadt mit anderen Augen gesehen

Friederike Hausmann, *Macchiavelli und Florenz*: eine Welt in Briefen, mit vielen Abbildungen; Ross King, *Das Wunder von Florenz*: Architektur und Intrige – wie die schönste Kuppel der Welt entstand; *Magdalen Nabb, Tod einer Queen* und *Magdalen Nabb, Tod einer Verrückten*: beides Krimis mit viel Lokalkolorit und einem Einblick in die abgewandte Seite der Stadt; *Bernd, Roeck, Florenz 1900 – Die Suche nach Arkadien*: Der Briefwechsel Aby Warburgs mit seiner späteren Frau Mary und die vielen Fotos zeigen ein lebhaftes Bild der nordeuropäischen Künstlerkolonie im Florenz der Jahrhundertwende.

Signoria, die Stadtverwaltung, die Loggia für Empfänge und zeremonielle Anlässe bauen. Man schreibt ihren Entwurf Orcagna zu, weshalb sie auch *Loggia del Orcagna* genannt wird; die heute noch übliche Bezeichnung *Loggia dei Lanzi* bürgerte sich ein, als Cosimo I. hier seine Söldnertruppe, die *lanzichenecchi* (Landsknechte), unterbringen ließ.

Mit ihren drei herrlichen Rundbögen ist die Loggia ein herausragendes Beispiel der Florentiner Gotik. Zwei Figurengruppen ließ Cosimo I. hier aufstellen, die dem Triumph der Machtherrschaft über die Demokratie Ausdruck verleihen sollten: Die Bronzegruppe des *Perseus* (1545–54), ein Meisterwerk von Benvenuto Cellini, seit 1996 aufwändig restauriert, steht in neuem Glanz am alten Platz (der Marmorsockel ist eine Kopie, das Original befindet sich im Bargello). Die manieristisch gedrehte Figurengruppe *Raub der Sabinerinnen* weiter rechts stammt von Giambologna (1583). Weitere Skulpturen, darunter sechs römische Frauenstatuen an der Rückwand, vervollständigen den Schmuck der Loggia.

Auf dem Dach der Loggia wurde 1583 ein damals berühmter hängender Garten angelegt; heute befindet sich dort ein von den Uffizien zugängliches ✹ Café, von dem man eine herrliche Sicht über den Platz hat. *Piazza della Signoria*

Reges Treiben rund um die Loggia della Signoria

Loggia del Mercato Nuovo [110 C5]

Strohwaren, Tischdecken und allerlei Tand werden heute hier feilgeboten, früher waren es Gold und Silber. Anziehungspunkt für alle Touristen ist der Bronze-Eber auf der Südseite, das *porcellino* (Original in den Uffizien). Eine in den Brunnen geworfene Münze verspricht, so heißt es, sichere Rückkehr nach Florenz. Am besten ist die Architektur der 1547 erbauten Loggia in den Wintermonaten sonntags und montagvormittags sichtbar, wenn die Stände abgebaut sind. *Via Porta Rossa/Via Por San Maria*

Loggia del Pesce [115 D6]

Die nach den Plänen Giorgio Vasaris gebaute Loggia war die Fischhalle des alten Markts. Als dieser bei der Altstadtsanierung der heutigen Piazza della Repubblica weichen musste, versetzte man die Loggia Ende des 19. Jhs. an die Piazza dei Ciompi, auf der heute der Flohmarkt stattfindet. *Markt Mo–Sa und letzter So im Monat 9–13 und 16–19 Uhr, Via Pietrapiana*

PALÄSTE

Palazzo Corsini sull'Arno [110 A4–5]

Die den Lungarno Corsini beherrschende Barockanlage mit den klassischen Statuen ist nicht zu übersehen. Der Palast beherbergt die größte private Kunstsammlung der Stadt, zu besichtigen jedoch nur nach telefonischer Anmeldung *(Tel. 055 21 89 94)*. In ungeraden Jahren findet im Herbst die *Mostra dell' Antiquariato* in den Sälen des Palazzo statt. *Via del Parione, 11*

Palazzo Davanzati [110 C5]

Ein sehr gut erhaltenen Familienpalast aus dem Mittelalter. Wie hoch entwickelt die Wohnkultur um 1350 bereits war, lässt sich an der Wasserzufuhr bis in die obersten Stockwerke, den Toiletten, den Kaminen und der phantasievollen Bemalung der Wände in den Wohnräumen erkennen. *Zzt. wegen Restaurierung nur Schautafeln in der Eingangshalle zu besichtigen, Via Porta Rossa, 13*

Palazzo Medici-Riccardi [111 D1]

Hier wohnte Cosimo der Ältere mit seiner Familie bis zu seinem Tod 1464. Zwanzig Jahre zuvor hatte er Michelozzo mit dem Bau dieses repräsentativen Palastes mit seiner imposanten Rustikaquaderung be-

auftragt. Eine besondere Neuerung war der Innenhof mit seinen Arkaden, über denen das Medici-Wappen prangt. Nur wenige Räume und die von Benozzo Gozzoli 1459 mit wunderschönen Landschaftsfresken ausgemalte kleine *Hauskapelle* können Sie besichtigen. In den übrigen Räumen logiert die Stadtverwaltung. *Do–Di 9–19 Uhr, Eintritt 4 Euro, Via Cavour, 1*

Palazzo Pitti [117 D3]

Siehe *Musei di Palazzo Pitti, S. 42*

Palazzo Rucellai [110 A4]

Der 1451 erbaute Renaissancepalast des reichen Kaufmanns Giovanni Rucellai gilt als der vornehmste der Stadt. Hier wurde die Forderung des Baumeisters Leon Battista Alberti (1404–72) verwirklicht, dass Paläste »...schön verziert, fein artikuliert und vornehm sein (sollten), statt prunkvoll und imposant«. Das Gebäude wird seit seiner Errichtung fast durchgehend von Mitgliedern der Familie Rucellai bewohnt und ist daher nicht zugänglich. Gegenüber liegt die ebenfalls von Alberti entworfene *Loggia Rucellai. Via della Vigna Nuova, 16r*

Palazzo Strozzi [110 B4]

Der Florentiner Renaissancepalast schlechthin. Nicht weniger als fünfzehn Häuser mussten weichen, damit dieser Palast aus grob behauenen Steinen in seiner dominierenden Lage gebaut werden konnte. Baubeginn war 1489 unter Benedetto da Maiano, beendet wurde der Palast 1536 durch Simone del Pollaiuolo, genannt Cronaca. Er führte auch den weitläufigen, mit Arkaden geschmückten Innenhof aus. Heute werden im Palazzo Strozzi Kunstausstellungen veranstaltet. *Piazza Strozzi*

Palazzo Vecchio [111 D5]
Siehe *Museo di Palazzo Vecchio, S. 43*

PARKS & GÄRTEN

Giardino dei Semplici [114 C3]
Der bereits 1545 von Cosimo I. angelegte *Orto Botanico,* in dem der Großherzog bis dahin unbekannte Pflanzen auf ihren Nutzwert testen ließ, zählt heute zu den ältesten Gärten der Welt und beherbergt über 9000 Pflanzensorten im Freien und in den Gewächshäusern. *Mo–Fr 9–13 Uhr, Via Micheli, 3*

Giardino del Palazzo Corsini sul Prato [112 C3–4]
Ein idyllischer Palastgarten wurde jetzt fürs Publikum geöffnet. Sie flanieren auf den von Buchsbaumhecken gesäumten Wegen zwischen Zitronenbäumen in uralten Terrakottakübeln und entlang der Rosenstöcke vor der Fassade des einstigen Sommerpalastes der Familie Corsini. *Sa 10–18, So 10–13 Uhr, Via Il Prato, 58 (nahe Porta al Prato)*

Giardino di Boboli [116–117 B–E 3–5]
★ 〰 Die herrliche Gartenanlage erstreckt sich hinter dem Palazzo Pitti zur Porta Romana und hinauf bis zum Forte di Belvedere. Mit Laubengängen und Zypressenalleen, Wasserspielen und Teichen, Treppen und künstlichen Grotten, dem Amphitheater und Hunderten von Marmorstatuen gilt der Boboli-Garten als einer der berühmtesten Gärten Italiens. Für einen Gang durch den ganzen, 45 000 m^2 großen Park mit schönen Ausblicken auf die Stadt sollte man sich drei Stunden Zeit nehmen. Im Sommer finden in einem Teil des Gartens abendliche

Giardino di Boboli: früher Privatgarten, heute öffentlich zugänglich

Ein Platz an der Sonne: Straßencafé auf der Piazza della Signoria

Kammerkonzerte statt. *Tgl. 8.15 bis 19.30, im Winter bis 17.30 Uhr, 1. und letzter Mo im Monat geschl., Eintritt 4 Euro, Eingänge Palazzo Pitti, Via Romana, Porta Romana und Forte di Belvedere (zzt. geschl.)*

Parco delle Cascine [112 A3–4]
Dieser bei den Florentinern beliebteste Park hat eine Ausdehnung von 1,18 km^2. Er wurde auf einer Landzunge zwischen den Flüssen Arno und Mugnone angelegt. Hier ist das *Ippodromo delle Cascine*, die Pferderennbahn von Florenz. Seine Rasenflächen, Reitwege, Arenen, Sportstätten und Plätze sind nicht nur Tummelplätze für Freizeitsportler. Nachts bieten hier Prostituierte beiderlei Geschlechts und jeder Rasse ihre Dienste an. *Piazzale delle Cascine*

PLÄTZE

»Scendono in piazza!« (Sie ziehen auf den Platz!) war schon zu Zeiten Roms der entsetzte, empörte oder freudige Aufschrei des Volkes. Selbst in unserer von den Medien bestimmten Zeit treibt es die Italiener – und Italienerinnen – bei bewegenden Anlässen immer noch *»in piazza«*.

Piazza del Duomo [111 D2–3]
Der Domplatz war einst der geistige Mittelpunkt der Stadt mit Dom, Campanile und Baptisterium. Seine Ausstrahlung leidet durch den noch immer nicht ganz verdrängten Verkehr und den Touristenrummel. Zwischen dem Eingang zum Dom und dem Baptisterium drängen sich die Massen: Man füttert Tauben, bewundert Ghibertis vergoldete *Paradiestür* am Baptisterium und lässt sich vor der Domfassade fotografieren.

Piazza della Repubblica [110 C4]
Immer schon das Zentrum der Stadt: Erst römisches Forum, dann Marktviertel und Ghetto, wurde

der Platz nach der Erhebung von Florenz zur Hauptstadt Italiens 1890 neu gestaltet und ist heute der von Cafés umgebene, belebte Mittelpunkt des Geschäftsviertels.

Piazza della Santissima Annunziata [114 C4]

Dieser sehr harmonisch gestaltete Platz ist an drei Seiten von Arkadenreihen umgeben: im Norden das Vorhaus der Kirche *SS. Annunziata,* an der Westseite der Säulengang des *Spedale degli Innocenti,* das Filippo Brunelleschi 1419 im Auftrag der Seidenhändler errichtete, und auf der gegenüberliegenden Seite die von Antonio da Sangallo errichtete *Loggia.* In Brunelleschis Findelhaus wurden seit 1445 unerwünschte Kinder durch die Drehtür an der linken Schmalwand der Loggia geschoben – bis ins Jahr 1875! Das Gebäude mit den *Rundbildern der Wickelkinder* aus Terrakotta (Andrea della Robbia) beherbergt heute das *Museo dello Spedale degli Innocenti* mit einer reichen Sammlung von Gemälden und Fresken des 14. bis 19. Jhs *(Do–Di 8.30–14 Uhr, Eintritt 3 Euro).* Auf dem Platz selber stehen das *Reiterstandbild* Ferdinands I. von Giambologna und die phantasievollen *Brunnen* von Pietro Tacca.

Piazza della Signoria [111 D5]

★ 🏃 Dieser vom wehrhaften Palazzo Vecchio dominierte Platz ist schlichtweg beeindruckend. Die statuengeschmückte *Loggia della Signoria* und die *Uffiziengalerie* schließen die Südseite der Piazza, an der Nordseite befindet sich der *Palazzo Uguccioni* (1559) und an der östlichen Ausbuchtung des Platzes der *Palast des Handelsgerichts* (1359),

an dessen Fassade die Wappen der 21 Zünfte angebracht sind. Die der Palastfront gegenüberliegenden Gebäude mit Cafés und Geschäften wurden Ende des 19. Jhs. errichtet.

Durch die vielen aufgestellten Skulpturen erhält der große Platz eine aufgelockerte, anheimelnde Atmosphäre. So stehen vor dem Palazzo Vecchio der überlebensgroße *David* von Michelangelo (1504, Kopie, Original in der Galleria dell'Accademia), die Doppelplastik *Herkules und Cacus* von Baccio Bandinelli (1533) und Donatellos um 1460 geschaffene Bronzegruppe *Judith und Holofernes* (Kopie, Original im Palazzo Vecchio). Zwischen dem kolossalen *Neptunbrunnen* von Bartolomeo Ammanati (1565) und dem *Reiterstandbild Cosimos I. de'Medici* aus Bronze von Giambologna (1594) ist eine Granitplatte mit der Jahreszahl 1498 in den Boden eingelassen. Hier kamen der Dominikanermönch Girolamo Savonarola und zwei seiner Anhänger auf Verlangen des Borgia-Papstes Alexander VI. auf dem Scheiterhaufen ums Leben. Alljährlich am 23. Mai, dem Todestag, legen Kirche und Stadt hier Blumen nieder.

Piazza Santa Croce [118 A–B 1–2]

Auf diesem Platz vor der Kirche Santa Croce wird seit dem 16. Jh. Fußball gespielt, denn hier findet alljährlich das historische Fußballspiel *Calcio in Costume* statt. Eine 1565 datierte Plakette am freskengeschmückten *Palazzo Antella* auf der Südseite der Piazza markiert die Mittellinie des Feldes. Links neben der Kirchenfassade errichtete man im 19. Jh. ein Monument für den größten Sohn der Stadt, den Dichter Dante Alighieri.

Die schönsten Kunstsammlungen der Welt

Botticellis »Frühling« und Michelangelos »David«, aber auch weniger Bekanntes erwartet Sie

Die Museenlandschaft der Stadt (Florenz hat 70 Museen!) ist in Bewegung geraten – endlich –, aber viel wird beschlossen und wenig durchgeführt. Im Zuge der Erweiterung der Uffizien werden Räume geöffnet – und die meisten wieder geschlossen. Zwei Säle, eine Buchhandlung und das zum Restaurant erweiterte Café bleiben. Auch im Palazzo Pitti gibt es jetzt ein Café. Einige Museen sind in den Sommermonaten an bestimmten Tagen bis 24 Uhr geöffnet – doch bleibt das so? Lassen Sie sich überraschen oder informieren Sie sich über *Tel. 055 29 48 83.* Unter dieser Nummer und unter *www.weekendafi renze.com* können Sie auch mindestens fünf Tage vorher Eintrittskarten für alle staatlichen Museen (Uffizien, Palazzo Pitti, Bargello, Galleria dell'Accademia und Cappelle Medicee) vorbestellen. Aufpreis 1–4 Euro pro Karte, aber keine Warteschlange! Jugendliche unter 25 Jahren aus EU-Ländern zahlen in allen staatlichen Museen meist den

Kreuzgang des Museo di San Marco

halben Preis (Ausweis!). Unter 18 und über 65 Jahren ist der Eintritt frei. Beim ersten Besuch eines städtischen Museums können Sie auch für 5 Euro ein *carnet* kaufen, das Ihnen um 50 Prozent verbilligten Eintritt in viele anderen städtischen Museen beschert. Wer die Kunstwerke in Ruhe betrachten will, sollte Florenz am besten im Winter besuchen. Sehr informativ ist auch die deutsche Website *www.floren tinermuseen.com.*

Casa Buonarroti   [114 C6]

Der kleine Palazzo wurde von Michelangelo erworben und 1858 von Cosimo Buonarroti der Stadt vermacht. Zeichnungen, Pläne und Erinnerungsstücke an den Künstler

Galleria Palatina im Palazzo Pitti – eine Kunstsammlung von Weltrang

Die Tribuna ist die Keimzelle der weltberühmten Galleria degli Uffizi

sind hier ausgestellt. Unter den Frühwerken das berühmte Marmorrelief *Madonna della Scala* und die *Zentaurenschlacht. Mi–Mo 9.30–14 Uhr, Eintritt 6,50 Euro, Via Ghibellina, 70*

Casa di Dante [111 D–E4]
Benannt ist dieses mittelalterliche Haus nach Dante Alighieri, der hier vermutlich geboren ist. In den Sälen der drei Stockwerke werden verschiedene Ausgaben seiner *Divina Commedia* sowie Dokumente über sein politisches und literarisches Leben und sein Exil in Ravenna gezeigt. *Zzt. wegen Restaurierung geschl., Via S. Margherita, 1*

Galleria degli Uffizi [111 D6]
★ Das zum Arno hin offene Gebäude wurde nach Plänen Giorgio Vasaris im Auftrag Cosimo I. de'Medici 1559 bis 1581 erbaut, um die Ämter des Staates aufzunehmen. Inzwischen beherbergt die *Galleria degli Uffizi* in 39 Sälen im oberen Stockwerk eine der reichhaltigsten und berühmtesten Gemäldesammlungen der Welt und in der zweiten Etage das *Gabinetto dei Disegni e delle Stampe*, eine Sammlung von 104 000 Zeichnungen und Drucken. Die darunter liegenden Stockwerke werden zurzeit zu neuen Ausstellungsräumen für die *Grandi Uffizi*, die so genannten »Großen Uffizien«, ausgebaut. Hier sollen neben einer neuen Präsentation aller bisher zu sehenden Werke auch viele der seit Jahren in den Magazinen versteckten Kunstgegenstände Platz finden.

Die Gemälde des Museums sind in chronologischer Reihenfolge und nach Schulen ausgestellt. Schwerpunkt bildet die italienische Renaissance. Auf den breiten *Korridoren*, von denen die Säle abgehen, sind griechische und römische Statuen sowie flämische Gobelins zu sehen. Die kostbarsten Statuen stehen auf eigens für sie angefertigten Sockeln in der *Tribuna*, dem prachtvollen achteckigen Raum, der als einer der ersten für Kunstwerke konzipiert wurde.

Dem vorgegebenen Wegweiser zur Besichtigung folgend, kommt man als Erstes zu den großen gotischen Altartafeln von Cimabue und Giotto, gefolgt von Werken der Sieneser Schule des 14. Jhs. und den großen Malern der Frührenaissance: Masaccio, Piero della Francesca und auch Sandro Botticelli, dessen Werken, darunter die *Geburt der Venus*, ein eigener Saal gewidmet ist. Von Leonardo da Vinci stammt die große *Anbetung der Könige*. Die bereits erwähnte Tribuna birgt außer den kostbaren Statuen vor allem Porträts der Medici von Bronzino, Pontormo und anderen Meistern des Manierismus. In den Sälen XIX–XXIII, sie gehören zu den frühesten des Museums, sind weitere Gemälde der Renaissance ausgestellt.

Auf der Westseite des Gebäudes befinden sich die Werke von Michelangelo *(Tondo Doni)*, Raffael *(Madonna del Cardellino)*, Tizian *(Venere di Urbino)* sowie von den aus Venedig stammenden Künstlern Veronese, Giorgione, Tintoretto und Caravaggio. Anschließend folgen die Niederländer, u.a. Rubens *(Bildnis der Isabella Brandt)*, Rembrandt und van Dyck. Zwischen den Sälen XXV und XXXIV geht die Tür zum *Corridoio Vasariano* ab, einem Gang, der die Uffizien über den Ponte Vecchio mit dem Palazzo Pitti verbindet. In ihm ist die größte Sammlung von Künstlerselbstbildnissen ausgestellt *(zzt. nicht zugänglich)*.

Wenn Sie die Uffizien mal unter Anleitung betrachten wollen, bietet sich eine Führung an. *Di–So 8.15 bis 18.50 Uhr, Eintritt 6,50 Euro, Loggiato degli Uffizi, 6*

MARCO POLO Highlights
»Museen«

★ **Galleria degli Uffizi**
Weltbekannte große Kunstwerke (Seite 40)

★ **Galleria dell'Accademia**
Nicht nur Michelangelos David (Seite 42)

★ **Musei di Palazzo Pitti**
Sieben Museen im größten Palast der Stadt (Seite 42)

★ **Museo Archeologico**
Was Etrusker und Römer hinterließen (Seite 43)

★ **Museo dell'Opera del Duomo**
Originalskulpturen und Werkzeuge des Doms (Seite 43)

★ **Museo di Palazzo Vecchio**
Von hier aus wurde die Republik regiert (Seite 43)

★ **Museo di San Marco**
Ein Besuch beim Malermönch (Seite 45)

★ **Museo Marino Marini**
Pferde in der Kirche (Seite 46)

★ **Museo Nazionale del Bargello**
Ein herausragendes Skulpturenmuseen (Seite 46)

★ **Museo Zoologico**
Hier geht es unter die Haut (Seite 47)

Das Original: Michelangelos David in der Galleria dell'Accademia

Galleria dell'Accademia [114 B4]

⭐ In dem seit 1784 bestehenden, nach den Uffizien meistbesuchten Museum der Stadt ist außer der 5,17 m hohen Marmorstatue des *David* und zahlreichen anderen Skulpturen Michelangelos, wie auch dessen *Sklaven*, die größte europäische Sammlung spätgotischer Malerei zu sehen. *Di–So 8–18.50 Uhr, Eintritt 6,50 Euro, Vorbestellung Tel. 055 29 48 83, Aufschlag 3 Euro/Person, Sammelticket mit Opificio delle Pietre Dure 7 Euro, Via Ricasoli, 60*

Musei di Palazzo Pitti [117 D3]

⭐ Den Kernblock dieses mächtigen Palastes ließ 1457 der Florentiner Kaufmann Luca Pitti errichten. Der in den folgenden Jahrhunderten bis zu seinen heutigen kolossalen Ausmaßen – die Fassade ist 205 m lang und 36 m hoch – erweiterte Palast war bis 1859 Residenz der toskanischen Großherzöge. Als Florenz 1865–71 Hauptstadt Italiens war, residierte hier König Viktor Emanuel II. Heute beherbergen der Palazzo Pitti und seine Nebengebäude sieben Museen und Sammlungen. Die private Gemäldesammlung der Großherzöge im linken Palastflügel bildete den Grundstock der *Galleria Palatina* (Palastgalerie); sie ist nach den Uffizien die wichtigste Gemäldegalerie in Florenz.

Die Wände von 30 prächtig ausstaffierten Räumen des Obergeschosses sind mit berühmten Werken der europäischen Malerei geradezu tapeziert. Glanzpunkte der Sammlung sind Gemälde von Tizian, Raffael, Tintoretto, Giorgione, Rubens, Caravaggio, van Dyck und Velázquez.

Auf der rechten Seite des Obergeschosses befinden sich die *Appartamenti Monumentali*, die einstigen königlichen Wohnräume. Hier zeigt sich fürstlicher Wohnstil zu Zeiten der Renaissance, des Empire und des Biedermeier. Im obersten Stockwerk ist die *Galleria d'Arte Moderna* (Galerie moderner Kunst) untergebracht. In 30 (nur teilweise geöffneten) Sälen wird ein komplettes Spektrum toskanischer Malerei vom 18. bis 20. Jh. gezeigt. Besonderes Interesse verdienen die Werke der *Macchiaioli* (Fleckenmaler), eines den Impressionisten nahe stehenden Künstlerkreises.

Das *Museo degli Argenti* (Silbermuseum) in Räumen, die anlässlich der Hochzeit Ferdinands II. mit Vittoria della Rovere 1634 besonders prunkvoll ausgestattet wurden, beherbergt den Silberschatz der Medici sowie wertvolle Arbeiten aus Gold, Edelsteinen und Elfenbein. Im hinter dem Palast beginnenden *Giardino di Boboli* ist in der *Meridiana* die *Galleria del Costume* (Kostümmuseum) mit Tausenden von Kostümen vom 18. Jh. bis zu den Modellen berühmter Stilisten unserer Tage untergebracht.

Im Kavaliersgarten züchteten die mediceischen Großherzöge einst Seidenraupen und sogar die ersten Kartoffeln in Europa, heute befindet sich hier das Porzellanmuseum *(Museo delle Porcellane)* mit einer sehenswerten Kollektion von berühmten Manufakturen aus dem 18. und 19. Jh. *Galleria Palatina Di–So 8.15–18.50, im Sommer bis 22 Uhr; Galleria d'Arte Moderna, Museo degli Argenti, Galleria del Costume Di–So 8.15–13.50 Uhr, 2. und 4. So sowie 1., 3. und 5. Mo im Monat geschl., Eintritt 5 Euro; Museo delle Porcellane Di–So 9–13.30 Uhr (wie Giardino di Boboli 1. und letzter Mo sowie 2. und 4. So im Monat geschl.); Museo delle Carrozze nur auf schriftliche Anfrage; 3 Tage gültiges Ticket für Giardino di Boboli und Museo degli Argenti 6 Euro, Galleria Palatina und Appartamenti Reali 6,50 Euro; Sammelticket Palazzo Pitti samt Museen und Garten 10,50 Euro, nach 16 Uhr 8 Euro, Piazza Pitti*

Museo Archeologico   [114 C4]

★ Das Archäologische Museum beherbergt die nach der Villa Giulia in Rom reichste etruskische Sammlung und gleichzeitig die zweitgrößte Sammlung ägyptischer Kunst (nach Turin). Eines der herausragenden Stücke ist die *Chimäre von Arezzo* aus dem 4. Jh. v. Chr. Außer etruskischen und ägyptischen sind hier prähistorische, griechische und römische Funde zu sehen, u. a. der berühmte

Vaso François mit schwarzfigurigen Szenen der griechischen Mythologie (6. Jh. v. Chr.). Im schönen Garten sehen Sie rekonstruierte etruskische Grabmäler. *Mo 14–19, Di und Do 8.30–19, Mi, Fr–So 8.30–14, im Sommer auch 20–23 Uhr; Eintritt 4 Euro, Via della Colonna, 36*

Museo dell'Opera
del Duomo   [111 E3]

★ Hier sind die vom Dom, Baptisterium und Campanile entfernten Originale und alle mit dem Bau dieser Gebäude verbundenen Werkzeuge, Pläne und Projekte ausgestellt: ein besonders sehenswertes Museum! *Mo–Sa 9–18.50, So 9–13.30 Uhr, Eintritt 6 Euro, Piazza del Duomo*

Museo di Palazzo Vecchio [111 D5]

★ ◁▷ Der grandiose, zinnenbewehrte Palast mit seinem 94 m hohen Turm, 1299–1314 von Arnolfo di Cambio errichtet, war zunächst Amtssitz und Wohnung der höchsten Beamten der Republik. 1540 machte Cosimo I. den mittelalterlichen Palast zur herzoglichen Residenz und verhalf ihm durch prunkvolle Um- und Ausbauten zu neuem Glanz; das mittelalterliche Äußere blieb weit gehend unangetastet. Verantwortlich für alle Baumaßnahmen in dieser Zeit war Giorgio Vasari, der im Eifer jedoch auch unwiederbringliche Kunstwerke wie Leonardo da Vincis *Schlacht von Anghiari* im Saal der Fünfhundert mit eigenen Kompositionen zum Ruhm der Medici übermalte. Seinen heutigen Namen, *Palazzo Vecchio* (Alter Palast), bekam der Bau, als der Hofstaat in den »neuen«, den Palazzo Pitti, zog.

Der schöne, durch Michelozzo 1470 umgestaltete Innenhof wurde

1565 anlässlich der Hochzeit Ferdinands I. mit Johanna von Österreich mit österreichischen Stadtansichten ausgemalt. Die *Quartieri Monumentali,* die Prunkräume, liegen im 1. Obergeschoss. Im gewaltigen *Salone dei Cinquecento,* dem Saal der Fünfhundert, versammelte sich einst der städtische Rat, später wurde er von Cosimo I. zur Audienzhalle umgestaltet. Der 53,7 m lange, 22,4 m breite und 17,8 m hohe Saal ist der größte Raum der Stadt und wird – wie auch die *Sala dei Dugento* mit einer prachtvoll geschnitzten Holzdecke von Michelozzo – immer noch bei besonderen Festlichkeiten benutzt. Vor den monumentalen Schlachtenbilder von Vasari sind Marmorstatuen aufgestellt, unter ihnen der *Genius des Sieges* von Michelangelo und *Florenz besiegt Pisa* von Giambologna.

Im 2. Geschoss liegen die *Quartieri degli Elementi* und die Räume der Eleonora von Toledo. Die anschließende *Cappella della Signoria* wurde 1514 von Ghirlandaio mit Fresken ausgemalt. Besonders prächtig sind die *Sala dell'Udienza* mit ihrer reich geschnitzten Decke und dem Marmorportal von Benedetto da Maiano sowie die *Sala dei Gigli*, der ganz mit der Wappenlilie Frankreichs ausgemalte Liliensaal. In dessen Mitte steht Donatellos Bronzegruppe *Judith und Holofernes.* In der *Segreteria* arbeitete einst Machiavelli als Sekretär der Republik. Interessant sind auch in der *Guardaroba* Schränke, die mit 53 Landkarten aus den Jahren 1563–75 bemalt sind. Im ältesten Teil des Palastes, in der ehemaligen Waffenkammer – der Eingang liegt auf der linken Seite des Palastes –, finden Ausstellungen statt.

Seit 2000 hat sich der altehrwürdige Palazzo Vecchio verjüngt. An zwölf Multimediastationen er-

Florentiner Sommernächte

Zwei ungewöhnliche Vorschläge, einen Sommerabend über den Dächern von Florenz zu genießen

Elegant wie bei einem privaten Cocktail ist die Atmosphäre donnerstags ab 17.30 Uhr, wenn die Gäste in den Korbstühlen rund um den Swimmingpool auf dem Dach des *Minerva Grand Hotels* mit Cocktails und kulinarischen Köstlichkeiten verwöhnt werden. Für die 17 Euro, die Sie am Eingang bezahlen, können Sie sich bis in die Nacht am Buffet bedienen und haben Anspruch auf den ersten Cocktail. Für jeden weiteren Drink bezahlen Sie zwischen 3 und 4 Euro.

Ganz lässig dagegen geht es auf dem Rasen im *Forte di Belvedere* zu, wo Sie sich – ein *gelato* oder *panino* in der Hand – von aufgestellten Stühlen in angenehmer Abendbrise die täglich wechselnden Spielfilme auf Großleinwand anschauen können. Im Juli beginnen die Vorstellungen um 22, im August um 21.30 Uhr. *Eintritt 4 Euro, über 65 und 18–25 Jahren 3,50 Euro*

hält man jetzt zeitgemäße Einblicke in die Geschichte, die Kunst und die Architektur dieses Gebäudes. Außerdem sind nun mehrere bisher nicht zugängliche Teile des Palastes in so genannten geheimen Rundgängen *(percorsi segreti)* mit Führung zu besichtigen. Neu eingerichtet wurden im zweiten Innenhof, dem *Cortile della Dogana,* ein Bookshop und das Ticketoffice. Das *Atelier del Museo dei Ragazzi,* ein Ateliermuseum für Eltern und Kinder, betritt man ebenfalls von hier. *Palast: 15. Juni–15. Sept. Di, Mi und Sa 9–19, Do 9–14, Mo und Fr 9–23 Uhr; 16. Sept.–14. Juni Fr–Mi 9–19, Do 9–14 Uhr; Vorbestellung Tel. 05 52 76 82 24 und 05 52 76 85 58, Eintritt 6 Euro; Percorsi segreti und Atelier del Museo dei Ragazzi nur nach telefonischer Anmeldung, Ticket zusätzlich 2 Euro; Piazza della Signoria (Eingang von der Via dei Gondi)*

Museo di San Marco [114 B3]

★ Als den Dominikanern von San Domenico in Fiesole 1435 durch Cosimo I. ein Kloster in der Stadt errichtet wurde, beauftragten sie einen ihrer Brüder, Fra Angelico, mit der Ausschmückung. Die farbenfrohen Fresken, mit denen der Mönch im Laufe von zehn Jahren (1435–45) die Zellen, das Refektorium und sogar die Gänge des Klosters ausschmückte, brachten ihm schon zu Lebzeiten den Namen *Beato* (Begnadeter) ein. Im Erdgeschoss des 1866 profanierten Klosters mit seinem schönen Innenhof sind die Gemeinschaftsräume. Hervorzuheben ist im Kapitelsaal das große Fresko der *Kreuzigung Christi* von Fra Angelico, im Refektorium ein *Abendmahlsfresko* von Domenico Ghirlandaio und am Kopf der Treppe zum Zellengeschoss Angelicos bekanntestes Werk, die *Verkündigung.*

Auch jede der 43 gewölbten Zellen erhielt ein Fresko von Fra Angelico oder einem seiner Helfer. Die Zellen 12 bis 14, die dem Prior vorbehalten waren, sind als Gedenkstätte für Girolamo Savonarola eingerichtet. In die Doppelzelle 38/39 zog sich Cosimo de'Medici häufig zu längerer Meditation zurück. Im ebenfalls im Obergeschoss gelegenen, wohl proportionierten *Bibliothekssaal* von Michelozzo (1444) sind 115 Codices, Miniaturen, Handschriften und ein illustriertes Messbuch des Fra Angelico ausgestellt. *Mo–Fr 8.30–13.50, Sa und So bis 19 Uhr; 1., 3. und 5. So sowie 2. und 4. Mo im Monat geschl., Eintritt 4 Euro, Piazza San Marco*

Museo di Storia della Scienza [111 D6]

Insider Tipp

🏃 Nicht nur Galileos Mittelfinger wird hier wie eine Reliquie aufbewahrt; ein ganzes Spektrum naturwissenschaftlicher Geräte und Instrumente von der Renaissance bis zum 20. Jh. ist zu sehen. Das Museum gehört zu den weltweit bedeutendsten seiner Art. In neun großen Sälen werden mathematische, optische, hydraulische, astronomische und chirurgische Geräte ausgestellt, darunter Planetenmodelle, das erste Teleskop, die Fernrohre und die Linsen, mit denen der große Astronom und Physiker seine Beobachtungen machte und u.a. die Jupitertrabanten entdeckte, das erste Quecksilberbarometer (1634), eine bedeutende Mineraliensammlung und vieles mehr.

In einer neu eingerichteten Videostation und im Bookshop können

Sie Ihre Kenntnisse vertiefen. Halbstündig finden Gruppenführungen statt. *Mo und Mi–Fr 9.30–17, Di und Sa bis 13 Uhr, Oktober–Mai auch jeden 2. So im Monat 10–13 Uhr, Eintritt 6,50 Euro, Piazza dei Giudici, 1*

Museo Marino Marini [110 A–B4]

Insider Tipp ⭐ Eine nachahmliche Symbiose sind hier kirchliche und profane Kunst eingegangen. In der ehemaligen Kirche San Pancrazio, deren Ursprünge bis in die frühchristliche Zeit zurückreichen, wurde 1988 das erste Museum für moderne Kunst der Stadt eingerichtet. Über 200 Werke des Pistoieser Bildhauers, Malers und Grafikers Marino Marini (1901 bis 1980), der besonders durch seine Pferdedarstellungen berühmt wurde, fanden im modernisierten, museumsgerecht eingerichteten Kirchenraum Aufstellung. *Mi–Mo 10 bis 17 Uhr, Mai–Sept. Sa/So geschl., Eintritt 4 Euro, Piazza di S. Pancrazio (Via della Spada)*

Museo Nazionale del Bargello [111 E4–5]

⭐ Die hohen Gewölbe dieses zinnengekrönten Palastes beherbergen die vollständigste Sammlung italienischer Skulpturen aus dem 14. bis 16. Jh., außerdem die große Medaillensammlung der Medici, bedeutende Elfenbeinwerke und Majoliken des 15.–18. Jhs. sowie Waffen und Kleinbronzen. Glanzstücke des Museums sind Michelangelos *Trunkener Bacchus* (1497 begonnen), die Marmorbüste des *Brutus* (um 1540) und das so genannte *Tondo Pitti* (1504), die zusammen mit Werken Cellinis, Giambolognas und anderen im Erdgeschoss ausgestellt sind. Im großen Saal des Obergeschosses befinden sich Skulpturen der Frührenaissance, unter ihnen die *David-Statuen* in Marmor (1408) und in Bronze (1423) von Donatello.

Der burgähnliche Palast selbst, 1254–61 erbaut, diente mit seinem 54 m hohen, mächtigen Turm früher als Sitz des *Capitano del Popolo*

Das Museo Nazionale del Bargello – für Skulpturenfans ein Muss

(Stadtkommandanten) und des Bürgermeisters *(Podestà)*. Von 1502 bis 1859 waren hier das Stadtgefängnis und die Wohnung des Polizeihauptmanns *(Bargello)* untergebracht. Neben dem Brunnen im schönen, wappengeschmückten Innenhof stand der Galgen, an dem bis 1782 hingerichtet wurde. *Di–Sa 8.15–13.50 Uhr, 1., 3. und 5. So sowie 2. und 4. Mo im Monat geschl., Eintritt 4 Euro, Via del Proconsolo, 4*

Museo Stibbert [U C2]

🏃 Der Waffennarr Federico Stibbert fing gegen 1860 an, ein wahres Raritätenkabinett aufzubauen. 64 Räume seines Hauses sind angefüllt mit Möbeln, Skulpturen, Kostümen und Kuriositäten. Das Kernstück des Museums bildet eine Sammlung von mehr als 10 000 Rüstungen und Waffen aus Europa, Asien und Afrika. In der einem Rittersaal nachempfundenen *Sala di Cavalcata* ist ein Zug von 14 Rittern und Pferden im vollen Harnisch des 16. Jhs. aufgebaut. Die Villa umgibt ein weitläufiger Park. *Mo–Mi 10–14, Fr–So 10–18 Uhr, Eintritt 5 Euro, Via Federico Stibbert, 26*

Museo Storico Topografico [111 F3]

Firenze com'era. Wer sehen will, wie Florenz vor Jahrhunderten ausgesehen hat und seine Entwicklung bis ins 19. Jh. verfolgen möchte, kann dies hier in einem ehemaligen Kloster der »Oblaten«-Nonnen anhand von Dokumenten, Plänen, Modellen und Bildern tun. Hinzu kommt eine ständige Ausstellung von 58 Werken des Florentiner Malers Ottone Rosai (1895–1957). *Fr–Mi 9–14 Uhr, Eintritt 2,70 Euro, Via dell'Oriuolo, 4*

Museo Zoologico [116 C3]

★ 🏃 Der aufgeklärte Großherzog Pietro Leopoldo ließ im alten Palazzo Torrigiani 1775 ein Observatorium zur Beobachtung der Gestirne und das »Kaiserlich-königliche Museum für Physik und Naturgeschichte« einrichten. In der ehemaligen Sternwarte *La Specola* befindet sich heute eine auch für Jugendliche faszinierende zoologische Sammlung mit Tierpräparaten von der Vogelspinne bis zur Riesenschildkröte und eine interessante Schmetterlingssammlung.

Besonders sehenswert – und kurios – ist die anatomische Abteilung *Insider Tipp* des Museums. Hier sind über 1400 zum Teil bestürzend naturgetreue Wachsnachbildungen menschlicher Organe und ganzer »enthäuteter« Körper in Vitrinen ausgestellt – teilweise mit dekorativem Effekt auf Satin drapiert. Der Großteil der Präparate wurde 1775–1814 in der museumseigenen Wachsmodellwerkstatt von Clemente Susini geformt und diente ursprünglich dem medizinischen Unterricht. *Do–Di 9–13 Uhr, Eintritt 5,25 Euro, Via Romana, 17*

Opificio delle Pietre Dure [114 B4]

Hier werden auch heute noch von Kunsthandwerkern Einlegearbeiten aus Halbedelsteinen und Marmor ausgeführt, für die Florenz seit der Renaissance berühmt ist. Paradestück dieser *Pietra-Dura*-Arbeiten ist die *Cappella dei Principi* in San Lorenzo. Die Entwürfe und ein Modell der Kapelle sowie unzählige andere Werke werden gezeigt. Sie können die Künstler bei der Arbeit beobachten. *Fr/Sa und Mo–Mi 8.15–13.50, Do bis 19 Uhr, Eintritt 2 Euro, Via degli Alfani, 7*

Buon appetito!

Ob im Café oder im eleganten Restaurant: Gaumenfreuden werden in Florenz groß geschrieben

Die Italiener geben sich den Freuden der Tafel bedingungslos hin, sie genießen ihr Essen – oft stundenlang. Davon hat man gehört und ist am ersten Morgen umso enttäuschter, statt des erwarteten üppigen Frühstücksbüfetts, mit dem nur die großen Hotels ihre Gäste verwöhnen, zwei fade Brötchen und plastikverpackte Marmelade zu Kaffee oder Tee vorzufinden. Ein Frühstück, wie wir es gewohnt sind, kennt man in Italien nicht. Man macht an einer der über 1500 Bars der Stadt Halt und nimmt dort einen *cappuccino* oder *caffè* zu sich, meist zusammen mit einer *brioche*, einem ofenwarmen Hörnchen.

Für die kleine Pause: Cappuccino, Zeitung und ein »cioccolatino«

Wer in Florenz essen, dabei satt und nicht arm werden will, sollte Folgendes beachten: Trattorien bieten häufig ein *menu a prezzo fisso*, d.h. ein Tagesgericht zum Festpreis, an, das meist auf einer Tafel vor der Tür angeschlagen ist. Oder Sie gehen in ein Selfservicelokal, in dem Sie zu jeder Tageszeit ein Nudelgericht oder eine *pizza a taglio*, ein Pizzastücke vom Blech, bekommen. Es geht schnell, problemlos, preiswert, und der Hunger ist gestillt. Je nach Gusto können Sie sich aber auch in einer der vielen Bars,

Gute toskanische Küche in historischem Ambiente

wine bars und *enoteche* verkösti-gen, die ab mittags zum Teil raffinierte Spezialteller und Menüs bereithalten. Hier ist die Weinauswahl besonders groß – und es geht leger zu: oftmals müssen Sie Glas und Teller in der Hand balancieren.

Wenn Sie eher gepflegt speisen und die berühmt gute Küche der Toskana genießen wollen, ist der Besuch eines *ristorante* oder zumindest einer *trattoria* zu empfehlen. Hier nehmen Sie in Ruhe ein mehrgängiges Menü ein, die Weinkarte ist gut bestückt, der Service freundlich-zuvorkommend und das Ambiente einladend. Das hat dann natürlich meist auch seinen Preis. In der *trattoria*, manchmal auch *osteria* genannt, ist die Atmosphäre locker-gemütlich, man wählt unter den *specialità della casa* (Spezialitäten des Hauses) und trinkt dazu einen *vino aperto* (offener Hauswein).

Das traditionsreichste Café von Florenz: Gilli

Allerdings kann sich auch ein absolutes Spitzenrestaurant *trattoria* nennen: Ein Blick auf die Kreditkartenhinweise und den Preisaushang schafft rasch Klarheit.

Zu den Preisen der Gerichte wird fast immer pro Person ein Entgelt für *pane e coperto* (Gedeck und Brot) erhoben, das von 1 Euro bis zu 5 Euro variieren kann. Hinzu kommen in einem *ristorante* oft noch 10–16 Prozent Bedienungszuschlag auf den Endpreis der Rechnung. Üblich ist überall ein Trinkgeld (zehn Prozent). Lassen Sie sich aber zuerst genau herausgeben. *Il resto*, den Rest, lassen Sie dann einfach auf dem Tisch zurück. Übrigens wird immer eine Gesamtrechnung ausgestellt. Wollen Sie den Betrag unter sich aufteilen, müssen Sie das anschließend selbst tun. Und ein letzter Tipp: In Italien ist es nicht üblich, sich zu fremden Personen an den Tisch zu setzen.

Die Küche der Toskana ist sehr traditionsgebunden und orientiert sich im Wesentlichen an dem Angebot der jeweiligen Saison. Die Region bietet von Fisch bis Wild, von Pilzen bis Spargel, von Artischocken bis Kastanien, von Feigen bis Kakifrüchten alles. Auf Frische und Geschmackstreue wird besonderen Wert gelegt. Schwere Soßen und undefinierbare Beilagen sind ebenso verpönt wie Auswüchse kulinarischer Modetrends. Fleischspeisen werden meist gebraten, Gemüse nur leicht gedünstet und dann mit einem Schuss Olivenöl verfeinert. Doch die Gemüsebeilage, die *contorni,* müssen Sie extra bestellen.

Die Speisenfolge in einem Restaurant sieht im Allgemeinen so aus: *antipasti* (Vorspeisen), *primo piatto* (erster Gang), *secondo piatto* (Hauptgang), *dolce* (Süßspeise) oder *formaggio* (Käse) und *caffè* (Espresso). Zum Abschluss sollten

Sie sich einen *digestivo* oder ein Gläschen *vin santo* gönnen.

Die Antipasti sind in den Restaurants meist in Vitrinen ausgestellt, man trifft seine Wahl dort. Typisch ist ein aus *prosciutto* (Schinken), *finocchiona* (Fenchelsalami) und *crostini* (getoastete Brotscheiben mit Leberpastete) zusammengestellter Vorspeisenteller *(antipasto misto)*. Im Sommer isst man auch gern Schinken mit Melone. Der beliebteste Käse in der Toskana ist *pecorino*, würziger Schafskäse aus der Gegend um Siena oder von Sardinien; man bekommt ihn *stagionato* (gereift) oder *fresco* (frisch).

CAFÉS

Caffè Italiano [111 D5]
In einem dem 19. Jh. nachempfundenen Ambiente wählen Sie

hier zwischen Kaffee aus Bolivien und Zaire. Probieren Sie auch das köstliche Gebäck. Mittagstisch, abends Pianobar. *Mo–Sa 8–1 Uhr; Via della Condotta, 56r*

Il Caffè [117 D3]
Gegenüber dem Palazzo Pitti mit Art-déco-Einrichtung und guten Gebäckstücken. Von 12 bis 15.30 Uhr gibt's Lunch für 6 und 8 Euro! *Tgl. 9–1.30 Uhr; im Winter Di–So, Piazza Pitti, 9*

Gilli [110 C3]
1733 gegründet und noch immer sehr beliebt, besonders wegen seines vorzüglichen Gebäcks. Elegante Atmosphäre mit historischem Charme. Beinahe das ganze Jahr über stehen auch Tische auf der Piazza della Repubblica. *Mi–Mo 7.30–1 Uhr; Via Roma, 1*

MARCO POLO Highlights »Essen & Trinken«

★ **Cantinetta Antinori**
Kleine Gerichte – natürlich mit den berühmten Weinen des Hauses (Seite 53)

★ **Il Cibreo**
Ein kulinarisches Reich im Marktviertel von Sant'Ambrogio (Seite 53)

★ **Lob's**
Phantasievolle Fischgerichte (Seite 53)

★ **Taverna del Bronzino**
Vorzügliche Gerichte und ein gut sortierter Weinkeller (Seite 54)

★ **Coco Lezzone**
Toskanische Küche auf kleinem Raum (Seite 55)

★ **Il Guscio**
Gute Lokalküche und eine große Weinkarte (Seite 55)

★ **Omero**
Landgasthof mit grandiosem Ausblick (Seite 55)

★ **Vino & Carpaccio**
Eine Oase der Ruhe und der Tafelfreuden (Seite 56)

★ **Il Latini**
Echte, einfache toskanische Küche (Seite 57)

Rivoire: berühmt für seine hausgemachte heiße Schokolade

Paszkowski [110 C3]

Neben dem Gilli und zugleich sein Gegenstück. Seit 1909 gelten sehen und gesehen werden. *Di–So 9–1.30 Uhr, Piazza della Repubblica, 6*

Rivoire [111 D5]

Teuer, aber unschlagbar. Hier muss man einfach gesessen und eine **Insider Tipp** *cioccolata con panna* (heiße Schokolade mit Sahne) getrunken haben; gehört zu Florenz wie der Palazzo Vecchio gegenüber. *Di–So 8–24 Uhr, Piazza della Signoria, 5r*

EISDIELEN

Gelateria Carabé [114 B4]

Loredana und Antonio kommen aus Sizilien – ihre Eiskreationen gehören zum Besten, was Florenz zu bieten hat. *Tgl. 10–1 Uhr, im Winter Di–So, Dez. und Jan. geschl., Via Ricasoli, 60r*

Perché no! [111 D4]

Die Traditionseisdiele von Florenz. *Mi–Mo 11–nach Mitternacht, Di 12–19.30 Uhr, Via dei Tavolini, 19r*

Vivoli [111 F5]

🏃 Das ganze Jahr über eine beliebte Gelateria mit vierzig Eissorten, die bis nach Australien verschickt werden! *Di–So 8.30–1 Uhr, im Aug. geschl., Via Isola delle Stinche, 7r*

ENOTHEKEN & WINE BARS

Bene Vobis [116 C2]

Eine Enoteca, wie sie sein soll: große Weinauswahl und kleine Köstlichkeiten. *Di–So 10–2, Mo ab 18.30 Uhr, Via dei Serragli, 78r, Tel. 055 21 89 52*

Frescobaldi Wine Bar [114 B6]

Die edlen Tropfen des Hauses werden am Tresen sogar glasweise ausgeschenkt, Sie können auch zu einem *caffè* und Snack vorbeischauen – aber gehen Sie nicht ins Restaurant nebenan, es ist überteuert und der Service miserabel. Trendy und nahe der Piazza Signoria. *Mo abends–Sa, Aug. geschl., Via dei Magazzini, 2–4r, Tel. 055 28 47 24*

Giubbe Rosse [110 C4]

Bar und nostalgisches Kaffeehaus. Um die Jahrhundertwende war hier der tägliche Treffpunkt von Literaten und Malern. Von den Kellnern in roten Westen *(giubbe rosse)* werden auch ganze Menüs serviert, im Sommer unter den Schirmen auf der Piazza. *Do–Di 7.30–1.30 Uhr,*

Piazza della Repubblica, 13r, Tel. 055 29 00 52

Procacci [110 B4]

pp sider

Wer ein Glas guten Weißwein und ein köstliches Trüffelbrötchen Süßem vorzieht und etwas antiquiertes Ambiente liebt, wird hier ins Schwärmen kommen! *Mo–Sa 9–13 und 16.30–19.30, Mi nur 9–13 Uhr, Via Tornabuoni, 74r, Tel. 055 21 16 56*

Rose's [110 B4]

Trendy. Cafeteria mit kleineren Gerichten (5–10 Euro) und Art Gallery. Besonders abends beliebt beim Sushi (außer Mo). *Tgl. 8–1.30 Uhr, Via del Parione, 26r, Tel. 055 28 70 90*

pp sider

I Visaggi [111 F4]

Köstliche kleine Gerichte in einem farbenfrohen, für Florentiner Verhältnisse durchaus untypisch modernen Ambiente. Auch nett zum Aperitif. *Borgo degli Albizzi, 80r, Tel. 05 52 00 19 56*

RESTAURANTS €€€

Caffè Concerto [119 F3]

Herrliche Terrasse mit Blick auf den Arno; elegant, mit freundlichem Service und vorzüglicher internationaler Küche. *Mo–Sa, Lungarno Cristoforo Colombo, 7, Tel. 055 67 73 77*

Caffè Ricchi [116 C2]

Montags bis samstags erhalten Sie von 7 bis 1 Uhr hausgemachtes Eis, Longdrinks und Cocktails mit kleinen Leckereien, Mittagessen und abends köstliche Gerichte mit stets frischem Fisch im Restaurant. *Piazza S. Spirito, 8–9r, Tel. 055 21 58 64*

Cantinetta Antinori [110 B3]

★ Im Palazzo Antinori liegt diese angenehme »Probierstube«, in der Sie nicht nur die berühmten Weine des Hauses, sondern auch vorzüglich Zubereitetes aus den Antinori-Ländereien probieren können. Seit langer Zeit der bevorzugte Treffpunkt der Florentiner Society. *Mo–Fr, im Aug. geschl., Piazza Antinori, 3 (Via Tornabuoni), Tel. 055 29 22 34*

Cavolo Nero [116 C2]

Eines der jungen Lokale in einer schmalen Gasse auf der anderen Arno-Seite mit Garten. Vorzugsweise Fischgerichte. *Mo–Sa, nur abends, Via dell'Ardiglione, 22, Tel. 055 29 47 44*

Il Cibreo [115 D6]

★ Sergio Picchi hat für jeden die Möglichkeit geschaffen, toskanische Küche vom Besten – mal ganz ohne Nudeln – kennen zu lernen. In seinem eleganten *Ristorante Il Cibreo* erklärt er dem Gast persönlich die täglich wechselnden Gerichte und empfiehlt den dazu passenden Wein. In der um die Ecke liegenden *Trattoria Il Cibreo* wird an Holztischen serviert, die Gerichte sind einfacher, man bezahlt um die 13 Euro pro Person. Für einen Imbiss gehe man ins gemütliche *Café Cibreo* gegenüber *(8 bis 1 Uhr nachts)*. Und wer noch die eine oder andere Spezialität des Landes mitnehmen will, findet diese in der *Pizziccheria Cibreo. Di–Sa (im Restaurant Vorbestellung erforderlich), Via dei Macci, 118r, Tel. 05 52 34 11 00*

Lob's [113 F4]

★ Ein Hauch von Karibik im Zentrum mit phantasievollen Menüs aus Fischen und Krustentieren – und

Die Gourmettempel von Florenz

Enoteca Pinchiorri [111 F4]

Eines der besten Restaurants Italiens! Große Küche und gepflegte Weine in traumschönen Räumen, doch nur Di und Mi abends sowie Do–Sa ganztags geöffnet. Ab 75 Euro. *Dez., Jan. und Aug. geschl., Via Ghibellina, 87, Tel. 055 24 27 57*

Onice [119 F4]

◣◥ Neues Gourmetrestaurant mit Atmosphäre und Blick auf Florenz, Mit orientalischem Touch verfeinerte regionale Küche. Ab 50 Euro. *Tgl., Hotel Villa La Vedetta, Viale Michelangelo, 78, Tel. 055 68 16 31*

Relais le Jardin [115 E4]

Von allen Gourmetführern Italiens hoch gelobtes, intimes Restaurant. Im Sommer speist man im zauberhaften Garten. Ab 45 Euro. *Tgl. Hotel Regency, Piazza d'Azeglio, 3, Tel. 055 24 52 47*

Ristorante Villa San Michele [U E2]

◣◥ In den grandiosen Klosterräumen des Luxushotels und seiner Loggia mit Traumblick auf Florenz wird jedes Menu zum Erlebnis. Ab 70 Euro. *Nov.–25. März geschl., Fiesole, Via Doccia, 4, Tel. 05 55 94 51*

---

nach 24 Uhr *Fish Pub* mit Champagner. *Tgl. nur abends, Via Faenza, 75r, Tel. 055 21 24 78*

Al Lume di Candela [110 C5]

Wer einen Abend bei Kerzenlicht verbringen will, sollte es in diesem vorzüglichen Restaurant tun *(vorbestellen)*. Gelegen in einer schönen mittelalterlichen Gasse. *Mo abends bis Sa, im Aug. geschl., Via delle Terme, 23r, Tel. 055 29 45 66*

Momoyama [116 C1]

Das Sushirestaurant in Florenz – edel und in! *Mo–Sa, Borgo S. Frediano, 10r, Tel. 055 29 18 40*

Nanamuta [112 B4]

Wenn es Ihnen geschmeckt hat, können Sie hier gleich für den darauf folgenden Samstagvormittag einen Kochkurs belegen – bei einem der Sterneköche und -sommelier Italiens! *Tgl. außer Sa mittags,*

Corso Italia, 35, Tel. 05 52 67 56 12

Oliviero [110 B5]

Roter Samt, Kerzenlicht und kreative toskanische Küche. Großes Angebot italienischer und französischer Käse sowie wundervolle Süßspeisen! *Mo–Sa, Via delle Terme, 51, Tel. 055 28 76 43*

Taverna del Bronzino [114 B2]

★ Elegantes Restaurant mit feiner toskanischer Küche und besonders wohl sortiertem Weinkeller *(vorbestellen)*. *Mo–Sa, Via delle Ruote, 27r, Tel. 055 49 52 20*

RESTAURANTS €€

Buca dell'Orafo [110 C6]

Man muss ein bisschen suchen und Geduld mitbringen, denn ohne Anstehen geht es meistens nicht – aber es lohnt sich. *Di–Sa, im Aug.*

geschl., Volta dei Girolami, 28r, Tel. 055 21 36 19

Cantinetta di Verazzano [111 D4]
Gut, gemütlich, schick und immer überfüllt! Gehen Sie durch die Bäckerei rein. Mo–Sa 8–21 Uhr, Via dei Tavolini, 18r, Tel. 055 26 85 90

Coco Lezzone [110 A4]
★ Seit Jahren ein In-Lokal. Die Florentiner Gesellschaft drängelt sich in den engen Räumen. Vorzügliche Küche. So (im Sommer auch Sa) und Di abends geschl., Via del Parioncino, 26r, Tel. 055 28 71 78

Dei 4 Leoni [117 D2]
An einer kleinen Piazza versteckt zwischen Ponte Vecchio und Piazza S. Spirito. Eine typische, von jungen Leuten geführte Trattoria. Hausgemachte Pasta, die Sie auch draußen an den Tischen genießen können. Do–Di, Via Vellutini, 1 (Ecke Via Toscanella), Tel. 055 21 85 62

Il Guscio [116 A1]
★ Typische Trattoria mit guter Küche und einer großen Weinkarte. Nur abends. Juni/Juli Mo–Fr; sonst Di–Sa, Via dell'Orto, 49/A, Tel. 055 22 44 21

GustaVino/La Canova [117 F1]
Elegantes Ambiente im GustaVino mit modernem, raffinierten Design. Große Weinauswahl und aufs Beste zubereitete toskanische Gerichte (Di abends–So). Das angeschlossene La Canova ist der ideale Ort, um im Zentrum gut und schnell zu Mittag zu essen oder den kleinen Hunger nach dem Theater zu stillen (tgl.). Via della Condotta, 37r, Tel. 05 52 39 98 06

Le Lance [U E2] Insider Tipp
🌿 Großes schönes Restaurant (12 bis 15.30 Uhr) im Grünen an der Panoramastraße nach Fiesole. Von 19 bis 1 Uhr auch ausgezeichnete Pizza (ab 7 Euro). Via Mantellini, 2–8, Tel. 055 59 95 95

Da Mimmo [114 B2] Insider Tipp
Mimmo hat sich verpflichtet, für seine vorzüglichen Gerichte nur frische Zutaten zu verwenden – noch ein Grund mehr, in diesem schönen Lokal zu essen! Mo–Sa, Via S. Gallo, 57–59, Tel. 055 48 10 30

Omero [0]
★ 🌿 Bei Florentinern sehr beliebt mit guter toskanischer Küche, z.B. pollo al mattone. Man betritt den Speiseraum, mit grandiosem Blick in die Campagna, durch die Bottega, wo Schinken und Salami von der Decke hängen, und man sich auch einfach ein Schinkenbrot machen lassen kann. Im gegenüberliegenden Palazzo lebte Galileo Galilei. Vorbestellen. Mi–Mo, im Aug. geschl., Via Pian dei Giulari, 11r, Tel. 055 22 00 53

Osteria de'Macci [118 C1]
Raffinierte toskanische Küche und romantischer Innengarten. Di–So, Via dei Macci, 77r, Tel. 055 24 12 26

Il Pizzaiuolo [115 D6]
Napoli in Florenz: Gemütliche lange Holztische. Schon ab mittags bis 1 Uhr nachts gibt es Holzofenpizza und köstliche Fischgerichte. Vorbestellen. Mo–Sa, Via dei Macci, 13r, Tel. 055 24 11 71

Sesame [118 C2]
In allen Räumen und im üppig-exotischen Innengarten umgibt Sie das Flair von »Tausendundeiner Nacht«:

Zedernholz, üppige Seidenpolster und Messinglampen. Zwei glückliche Paare können in Sommernächten sogar auf der Dachterrasse (vorbestellen!) mit Blick auf die Lichter von Stadt und Hügel die vorzügliche maghrebinisch-französische Küche genießen – von Austern bis zum typischen Pfefferminztee wird alles geboten. *Tgl. 20–1 Uhr, Via delle Conce, 20r, Tel. 05 52 00 13 81*

Sostanza detto »Il Troia« [113 D5]
In diesem 1869 gegründeten Gasthaus, in dem schon Chagall zu Gast war, hat man sich stets bemüht, die toskanische Kochkunst hochzuhalten. *Mo–Fr, Via della Porcellana, 25r, Tel. 055 21 26 91*

Trattoria del Carmine [116 B2]
Typisch toskanische Küche mit korrekten Preisen und netter Bedienung. Im Sommer kann man auf der Piazza sitzen. *Mo–Sa, Piazza del Carmine, 18r, Tel. 055 21 86 01*

Trattoria dell'Orto [116 B1]
Freundliche, helle Farben, netter Service und toskanische Küche. Mit kleinem Garten. *Mi–Mo, Via dell'Orto, 35/A, Tel. 055 22 41 48*

Tre Merli [110 A4]
»Mittelmeer-Restaurant« nennt sich das Tre Merli, und so ist auch die Küche. Man sitzt gemütlich, im Sommer auch auf der schattigen Gasse. *Tgl. 11–23 Uhr, Via del Moro, 11r, Tel. 055 28 70 62*

Vino & Carpaccio [115 D1]
★ Wollen Sie sich beim Essen unterhalten? In dieser angenehmen Bistroatmosphäre ist es möglich. Eine kleine, aber erlesene Speisekarte und eine große Auswahl hervorragender Weine erhöhen den Genuss *(vorbestellen). Di–So, Via Capponi, 72/A, Tel. 05 55 00 08 96*

RESTAURANTS €

Antico Beccaria [119 D1]
🏃 Von 12 Uhr mittags bis spät in die Nacht immer frische *focacce* und warme *panini* jeder Art. Köstlich! *Mo–Sa, Piazza Beccaria, 24r, Tel. 055 24 17 65*

Le Belle Donne [110 B3]
Nicht nur schöne Damen (wie es der Name sagt), aber vor allem junge Frauen (und Männer) ziehen dieses kleine Lokal vielen anderen vor. *Mo–Sa, Via delle Belle Donne, 16r, Tel. 05 52 38 26 09*

Birreria Centrale [111 D4]
Einen riesengroßen bunten Salatteller und ein Bier für 8 Euro — mitten auf einem kleinen Platz oder im gemütlichen Innenraum. *Mo bis Sa, Piazza Cimatori, 1r, Tel. 055 21 19 15*

Borgo Antico [116 C2]
🏃 Sehr angenehme Trattoria, außer den üblichen Gerichten und Pizzen gibt es phantasievolle Gemüse- und Salatplatten. Im Sommer Tische auf der Piazza. Vorbestellung empfehlenswert. *Mo abends–Sa, Mitte August geschl., Piazza S. Spirito, 6r, Tel. 055 21 04 37*

Buzzino [111 E5]
Gleich hinter dem Palazzo Vecchio liegt diese sympathische Trattoria mit guter Florentiner Küche. Für 10 Euro wird ein *menu turistico* serviert. *Di–So, Via dei Leoni, 8r, Tel. 05 52 39 80 13*

Köstliche Panini sind immer eine gute Zwischenmahlzeit

Il Cantinone [110 A6]

Gemütliches Kellerlokal auf der linken Arno-Seite. An Holztischen gibt es vorwiegend einfache Gerichte – bei überdurchschnittlich großer Weinauswahl. *Di–So, Via S. Spirito, 6r, Tel. 055 21 88 98*

Da Guido [113 E3]

Hier wird man richtig satt! Gute Florentiner Hausmannskost gibt's in diesem typischen Lokal zwischen Bahnhof und Zentralmarkt. *Do abends–Di , Via Faenza, 34r, Tel. 055 28 97 46*

Il Latini [110 A4]

★ ➚ In dieser beliebten, typisch florentinischen Trattoria erhalten Sie an langen Tischen in einem ehemaligen Pferdestall traditionelle toskanische Gerichte. Bemerkenswerte Weinauswahl. *Di–So, Mitte Juli bis Mitte Aug. geschl., Via Palchetti, 6r, Tel. 055 21 09 16*

La Martinicca [110 B3]

Gemütliche Trattoria und Pizzeria mit typischen Gerichten, einer sehr großen Weinkarte und preiswertem Touristenmenü. *Mo–Sa, Via del Sole, 27r, Tel. 055 21 89 28*

Nerbone [110 C1]

Klar essen die Markthändler gut – versuchen Sie's! *Mo–Sa 7–14 Uhr, Mercato Centrale, Stand 292, Via dell'Ariento, Tel. 055 21 99 49*

Osteria de'Benci [111 F6]

Nahe Piazza S. Croce mit Florentiner Küche und freundlicher Atmosphäre. *Mo–Sa, Via de'Benci, 13r, Tel. 05 52 34 49 23*

Osteria-Pizzeria Baldovino [118 B2]

➚ Nahe Santa Croce mittags und abends Holzofenpizza und typische Gerichte. Preiswert! *Mi–So, Via S. Giuseppe, 22r, Tel. 055 24 17 73*

Florentinische Spezialitäten

Lassen Sie sich diese Köstlichkeiten gut schmecken!

agnello con piselli – gebratene Lammkeule mit grünen Erbsen

arista alla fiorentina – gebratenes Schweineschnitzel mit Rosmarin und Knoblauch

baccalà alla fiorentina – Stockfisch in Tomatensoße mit Basilikum

biscotti di Prato (cantucci) – Mandelkekse, die man in *vin santo* (süßen Dessertwein) taucht

carciofi fritti – geviertelte, ausgebackene Artischocken

castagnaccio – flacher Kuchen aus Kastanienmehl mit Rosmarin und Pinienkernen

coniglio (cinghiale) in umido – Kaninchen (Wildschwein) in Tomatensoße

crostini al fegato – geröstetes Brot mit einer Farce aus Hühnerleber, Kapern und frischen Kräutern

fagioli all'uccelletto con salsicce – weiße Bohnen in Tomatensoße mit Salbei und dicken Schweinsbratwürstchen

fettunta – geröstete Brotscheiben, im Sommer mit Tomaten und Basilikum belegt, im Winter mit Knoblauch und dem neu gepressten Olivenöl beträufelt

lesso (bollito misto) con salsa verde – gekochte Fleischsorten (Rind, Zunge, Huhn) mit grüner Kräutersoße

macedonia – Obstsalat aus frischen Früchten

minestrone/zuppa di verdura – dicke Suppe aus verschiedenen Gemüsen, oftmals mit Brot

panzanella – ein Sommersalat aus ölgetränktem Weißbrot, Tomaten, Basilikum und Knoblauch

pappa al pomodoro – die winterliche, gekochte Variante der *panzanella*

pollo al mattone – Hühnchen, mit einem Ziegel flach gedrückt und auf Holzfeuer gebraten

ribollita – wieder aufgekochte Gemüsesuppe mit weißen Bohnen

spaghetti aglio, olio e peperoncino – Spaghetti mit Knoblauch, Öl und scharfem Peperoncino – aber ohne Parmesankäse!

tagliata alla fiorentina – vom Knochen gelöstes, in Streifen geschnittenes Steak

tagliatelle alla lepre (al cinghiale) – Bandnudeln mit Hasen- (Wildschwein-)ragout

trippa alla fiorentina – Kalbskutteln mit Tomatensoße

Osteria San Niccolò [118 A3]
Bis 24 Uhr gute Florentiner Küche zu zivilen Preisen. *Mo–Sa, Via S. Niccolò, 60r, Tel. 05 52 34 28 36*

Osteria Santo Spirito [116 C2]
Um die Holztische quirlt der Wochenmarkt. Typische Gerichte, am Wochenende auch Fisch. *Tgl. bis 23 Uhr, Piazza S. Spirito, 16r, Tel. 05 52 38 23 83*

Pepo [114 A4]
Schönes modernes, sehr angenehmes Esslokal direkt hinter der Markthalle. Günstige Preise, gute Weine und toskanische Küche. *Mo–Sa, Via Rosina 4–6r, Tel. 055 28 32 59*

Pizzeria Antica Porta [116 B5]
🏃 Gute *antipasti* und über hundert verschiedene Pizzen. *Di–So, Via Senese 32r, Tel. 055 22 05 72*

Ruth's [115 D5]
Ruth nennt ihre koscheren Gerichte vegetarisch-mittelorientalisch – und sie sind köstlich! *Fr abends und im Winter Sa mittags geschl., Via Farini, 2/A (bei der Synagoge), Tel. 05 52 48 08 88*

Salamanca [111 F4]
Der Tempel der Tapas, Gambas und Paella. Die feurige Musik und die animierten Gäste verwandeln das Lokal im Lauf des Abends in eine Latino-Disko-Bar. *Tgl. 20–2 Uhr, Via Ghibellina, 80r, Tel. 05 52 34 54 52*

Sedano Allegro [115 E6]
In dem »lustigen Sellerie« bekommen Sie schon ab 5 Euro ein vegetarisches Gericht – im Sommer sogar im Gärtchen! Nur abends.
Di–So, Borgo la Croce, 20r, Tel. 05 52 34 55 05

Selfservice Leonardo [110 C3]
Ein Teller Pasta oder Fleischgericht, gut und reichlich, für nur 3–4 Euro. Zwar speisen Sie umgeben von weiteren 200 Essenden, dafür aber nur zwei Minuten vom Dom. *So–Fr 11.45–13.45 und 18.45–21.45 Uhr, Via dei Pecori, 5r, Tel. 055 28 44 46*

Lo Skipper [114 C4]
🏃 Abends sind die einfallsreichen Gerichte etwas teurer, aber mittags gibt es schmackhafte Tellergerichte schon für 5,20–10,50 Euro. *Mo–Fr und Sa abends, Via degli Alfani, 78/A, Tel. 055 28 40 19*

Trattoria La Madia [110 B2]
Von Künstlern frequentiertes Restaurant mit guter, einfacher Küche. *Di–So, Via del Giglio, 14, Tel. 055 21 85 63*

Trattoria Mario [114 A4] *Insider Tipp*
Winzige Trattoria beim Mercato Centrale, immer rappelvoll. Kleine Auswahl, aber typisch florentinische Gerichte. *Mo–Sa, Via Rosina, 2r, Tel. 055 21 85 50*

Trattoria Sant'Agostino [116 C2]
Typische Oltrarno-Trattoria zwischen Piazza S. Spirito und Piazza del Carmine. Beste Weinauswahl, angenehmes Ambiente und ein ganzes Menü mit Nachtisch für 10 Euro (So 13 Euro). *Di–So, Via S. Agostino, 23r, Tel. 055 21 02 08*

Il Vegetariano [114 B2]
Der Name sagt es. Eine vegetarische Trattoria, klein, nett, gut und preiswert. *Di–So, Via delle Ruote, 30r, Tel. 055 47 50 30*

Shopping mit Stil

**Exquisite Geschäfte, rustikale Märkte:
Florenz bietet für jeden Geldbeutel
und Geschmack etwas**

Ein Shoppingbummel in Florenz ist ein ästhetisches Vergnügen – möglicherweise aber auch ein sehr teures. Mode ist der heiße Einkaufstipp. Zwischen Dom und San Lorenzo liegt das Eldorado junger Modefreaks. Hier und auf den Märkten sind Kleidung und Schuhe oft wesentlich preisgünstiger. Empfehlenswert sind auch die Ausverkäufe *(saldi)* im Januar/Februar und im Juni. Aber beachten Sie: Die italienischen Kleidergrößen unterscheiden sich von den deutschen um etwa zwei Nummern, das heißt die deutsche Größe 40 entspricht in Italien der Größe 44.

Lieben Sie Gold und Silber, Edelsteine und Bestecke? In der Gegend um den Ponte Vecchio (mit 35 Juweliergeschäften!) finden Sie außer echtem auch phantasievollen Modeschmuck. Wenn Sie auf der Brücke den Arno überqueren, betreten Sie hingegen das Reich der Antiquitätenhändler. Auch hier reiht sich Geschäft an Geschäft.

Die Öffnungszeiten sind Mo–Sa 9–13 und 16–20 Uhr (im Winter 15.30–19.30 Uhr). Die Läden der Innenstadt haben meist durchgehend geöffnet, manche auch sonn-

Jeder Schuh ein Kunstwerk

tags. Lebensmittelläden sind mittwochnachmittags, alle anderen Geschäfte montagvormittags geschlossen. Im Juli und August sind alle Läden am Samstagnachmittag zu, und um den 15. August *(ferragosto)* machen die Italiener Ferien. Dann können einige Geschäfte ganz geschlossen sein.

ANTIQUITÄTEN

Atelier Melissa Gentile [110 A4]
Um den schönen Innenhof des Palazzo Fossombroni haben sich eine ganze Reihe von Geschäften angesiedelt. *Via dei Fossi, 7*

BUCHHANDLUNGEN

Gozzini [111 E1]
Ein kleines gepflegtes Antiquariat mit Raritäten und viel Atmosphäre. *Via Ricasoli, 49*

Modebewusste sollten auf der Reise nach Florenz genug Platz im Koffer lassen

Fast an jeder Ecke: Zeitungskiosk

Libreria Edison [110 C4]
Große, reich bestückte Buchhandlung mit Bar unter den Arkaden der Piazza della Repubblica. Auch fremdsprachige Literatur – und eine große Reiseabteilung. *Piazza della Repubblica, 27r*

DELIKATESSEN

La Bottega dell'Olio [110 B5]
Die besten Olivenöle und alles, was sich aus Oliven herstellen lässt oder davon handelt. *Piazza del Limbo, 2 (Borgo SS. Apostoli)*

Olio & Convivium [110 A6]
Die alten Regale sind voll kulinarischer Köstlichkeiten, die Sie mit nach Hause nehmen können. Oder wollen Sie nur einen schnellen Lunch einnehmen? Alles möglich

in diesem schönen Palazzo im Oltrarno. *Via S. Spirito, 20*

Pasticceria Cosi [114 C6] Insider Tip!
Schlicht die beste Konditorei in ganz Florenz. *Borgo degli Albizzi, 15r*

Pegna [111 E3]
★ In diesem seit 1860 beim Dom existierenden Delikatessenladen werden Sie vermutlich nicht nur Olivenöl erstehen! *Via dello Studio, 8*

Perini [110 C1] Insider Tip!
Ein Schlaraffenland in der Markthalle, in der Sie Lebensmittel in bester Qualität kaufen und sich auch ein leckeres *panino* nach eigenem Geschmack machen lassen können. *Mercato Centrale, Via dell'Ariento*

GESCHENKE

Bottega Monte Bello [111 F1]
Die meisten Objekte sind aus altem Holz gefertigt – und alle haben eine Beziehung zu Florenz. Originelle und schöne Geschenke. *Via dei Servi, 111r*

Carlo Saitta [118 C1]
Handgeschöpftes und kunstvoll bedrucktes Papier. Man kann bei der Herstellung in der kleinen Werkstatt zusehen! *Via dell'Agnolo, 28r*

Collections Alice Atelier [113 F4]
Wunderschöne Masken und andere Objekte aus Pappmaché fertigt Agostino Dessì in seiner kleinen Werkstatt. *Via Faenza, 72r*

Elio Ferraro Gallery/Store [110 A4]
Elio steht für Kult. Man muss einfach eintreten und sich umsehen.

Die schönen Dinge, von denen man umgeben ist – Mode und Design, Avantgarde und Antik – sprechen ihre eigene Sprache. *Via del Parione, 47r*

Erboristeria Inglese [110 B3]

Edle Naturkosmetik aus Kräutern der Toskana, jeder Flakon mit einer alten Florenzvedute. Im Palazzo Larderel. *Via Tornabuoni, 19*

Ethic [111 F4]

Nonkonformismus, Extravaganz und Originalität prägen den Charakter dieses modernen Ladens, in dem Sie nicht nur ausgefallene Klamotten, sondern auch raffinierte Einrichtungsgegenstände finden. *Borgo degli Albizzi, 37r*

Mineralshop [111 F1]

Mineralien und Versteinerungen als Schmuck, als Wanddekoration oder sogar in Form von ganzen Tischen – ausgefallen und dabei außer-ordentlich geschmackvoll. *Via dei Servi, 120r*

Il Papiro [111 D2]

Papierwaren und Geschenkartikel aus typischem marmorierten Papier oder bedrucktem Leder. *Piazza del Duomo, 24r*

Sbigoli Terrecotte [111 F3]

★ Vom bemalten Eierbecher über den hübsch glasierten Wasserkrug bis zu den großen, handgearbeiteten Terrakottavasen aus Impruneta ist alles erhältlich. *Via S. Egidio, 4r*

La Scagliola [117 D3]

★ Florentinischer geht es nicht: Fabiola Lunghetti verwendet für ihre Einlegearbeiten statt Halbedel-steinen vielfarbigen Gips für Scha-tullen, Rahmen, Tischplatten und vieles mehr. Eine Technik, wie sie im 17. Jh. in Florenz entwickelt wurde. Schön und sehr edel. *Piazza Pitti, 14r*

MARCO POLO Highlights
»Einkaufen«

★ **Pegna**
Die Shoppingadresse
für Gourmets (Seite 62)

★ **Sbigoli Terrecotte**
Alles aus Keramik
(Seite 63)

★ **La Scagliola**
Einlegearbeiten wie aus
dem 17. Jh. (Seite 63)

★ **Scuola del Cuoio**
Lederwaren im Kloster
(Seite 64)

★ **Mercato San Lorenzo**
Kleidung und vieles
anderes (Seite 66)

★ **Nencioni**
Über zwei Millionen Stiche
vorrätig (Seite 68)

★ **Antico Setificio Fiorentino**
Handgewebte Seide
(Seite 68)

★ **Loretta Caponi**
Noble Wäsche – auch
für die Kleinsten (Seite 69)

Le Stanze [113 D6]

Hier finden Sie es, italienisches Design pur: Alles für eine perfekt eingerichtete Wohnung. *Borgo Ognissanti, 50r*

KAUFHÄUSER & EINKAUFSZENTRUM

Coin [111 D4]

Kaufhaus der gehobenen Klasse mit guter Übergrößen- und Strumpfabteilung. *Via dei Calzaiuoli, 56r*

Gigli [120 D2]

Etwas außerhalb gelegen, aber wenn Sie Ihr Auto auf der Rückfahrt mit Allerlei »made in Italy« voll laden wollen, sind Sie hier genau richtig: mehrere Supermärkte, 120 Einzelgeschäfte und 12 Restaurants erfüllen alle Ihre Wünsche. *Di–Sa und 1. So des Monats 9–22, Mo 14–22 Uhr; Restaurants bis 24 Uhr; Campi Bisenzio, Anfahrt über Autostrada A1, Ausfahrt Sesto Fiorentino oder Autostrada A11, Ausfahrt Prato Est*

La Rinascente [110 C4]

Wenn Sie in diesem Kaufhaus bis zur bestens bestückten Haushaltsabteilung im 4. Stock fahren und dann rechts noch eine kleine Treppe erklimmen, können Sie von der **Insider Tipp** ◁▷ Dachterrasse einen wunderbaren Blick auf die Stadt genießen – bei Cappuccino und Kuchen. Besonders gut sortiert ist auch die Parfümerieabteilung. *Piazza della Repubblica*

KUNSTGALERIEN

Mailand und Rom haben Florenz auf dem Gebiet der modernen Kunst überflügelt. Vor allem im Viertel Santa Croce gibt es aber noch viele Galeristen, die junge Künstler tatkräftig durch Einzelausstellungen *(personali)* unterstützen.

Gallerie Il Magnifico [118 A1]

Eine gute Auswahl italienischer Malerei vorwiegend des 19. Jhs. *Via dell'Acqua, 6r*

Galleria Pananti [117 D2]

🏃 Piero Pananti, der führende Galerist für junge, zeitgenössische Künstler, gibt auch begehrte Kunstkataloge heraus. *Via Maggio, 15*

Ken's Art Gallery [110 C5]

Hier finden Sie vorwiegend avantgardiste Kunst und Arte Povera. *Via Lambertesca, 17r*

LEDERWAREN

Il Bisonte [110 A4]

Brauchen Sie einen neuen Koffer? Elegantes Reisegepäck vornehmlich aus naturgegerbtem Rind- und Büffelleder. *Via del Parione, 31r*

Lilium [111 E3]

Hier können Sie von Hand gefertigte Lederwaren – auch Fotoalben, Hefte und Notizbücher – bewundern und kaufen. *Via del Proconsolo, 77r*

Natalino Sarti

Ob Lederkleidung, Schuhe, Taschen oder Koffer, alles handgearbeitet und dabei noch relativ preiswert. *Borgo de'Greci, 16r,* **[111 E5]** *und Via Ricasoli, 87–91r* **[111 E1]**

Scuola del Cuoio [118 B2]

⭐ In den Klosterräumen von Santa Croce – mit Eingang durch das Kirchenschiff – ist die weltberühmte Lederschule untergebracht. Die handgefertigten Taschen, Schmuckschatullen, Portemonnaies und manches andere kann man gleich mit seinen Initialen oder dem Namen in Goldprägung versehen lassen. Hübsche Geschenke! *Piazza S. Croce, 16*

MÄRKTE

Auf den Wochenmärkten werden nicht nur Obst, Gemüse, Pflanzen und Lebensmittel angeboten, sondern meist auch Kleider, Schuhe, irdenes Geschirr, Schallplatten und so manches andere.

Arti e Mestieri in Oltrarno [116 C2]

🏃 Etwa siebzig Handwerker und Künstler der Viertel San Frediano und Santo Spirito stellen an jedem zweiten Sonntag im Monat ihre Waren auf der Piazza aus. Preiswerte Trattorien ringsum. *Piazza S. Spirito*

Mercato Centrale [110 C1] Insider Tipp

Die große, 1784 errichtete Markthalle – ein wahres Eldorado für kulinarische Genießer – »… ist der herrlichste Anblick, den nur ein Mensch finden kann«, schrieb schon Heinrich Heine 1828. *Mo–Sa 7–14, im Winter Sa auch 16–20 Uhr; Via dell'Ariento*

Mercato delle Cascine [112 A4]

Der größte Wochenmarkt in Florenz findet dienstags im Park der *Cascine* entlang des Arno statt. Auf einer Länge von zwei Kilometern wird alles angeboten, was das Herz begehrt – und selbst mit schmalem Geldbeutel kann man sich hier noch eine Freude machen! *Di 7.30 bis 14 Uhr; Viale Lincoln*

Mercato delle Pulci [115 D6]

Der größte Flohmarkt der Stadt. Kleintrödel und alte Möbel zum Stöbern und Kaufen. *Mo–Sa und letzter So im Monat 9–13 und 16–19 Uhr; Piazza dei Ciompi*

Jugendstil und Trödel aus allen Epochen: Mercato delle Pulci

Mercato del Porcellino [110 C5]
Strohartikel, Tischdecken und vielerlei Tand erhalten Sie in der *Loggia del Mercato Nuovo* aus dem 16. Jh. *Di–Sa 8–19 Uhr, Via Por S. Maria*

**Mercato
San Lorenzo** [110–111 C–D1]
★ 🏃 Mode, aber auch Geschenkartikel, Keramik und Wollwaren auf einem großen Markt entlang der Kirche San Lorenzo und der anschließenden Via dell'Ariento. *Di–Sa 8–19 Uhr, Piazza S. Lorenzo*

MARMOR

Raffaello Romanelli [110 B5]
Wollen Sie Michelangelos *David* für den heimischen Garten? Die Marmorreproduktion in Originalgröße gibt es für 140 000 Euro. Aber auch Erschwinglicheres (ab 4 Euro) in Marmor und Stein ist hier zu haben. *Lungarno Acciaiuoli, 72–78r*

MODE

Il Guardaroba *(Insider Tipp)*
Designermodelle der Vorsaison – um einiges preiswerter (aber noch längst nicht billig!). *Via Giuseppe Verdi, 28r* [118 B1], *Via dei Castellani, 26r* [111 D6], *Via Nazionale, 38r* [113 F3], *Borgo degli Albizzi, 85–85* [111 E4]

Guess [110 C3]
Getrennt nach *Baby* und *Kids* werden hier die Jüngsten nobel eingekleidet. *Via de'Vecchietti, 17r*

Luisa [110 C3]
Gute Boutique mit den neuesten Modellen – nicht nur italienischer Designer. *Via Roma, 19–21r*

QDT active [110 A4]
Das passende Outfit für Fitness, Tanz und Freizeit. *Via della Vigna Nuova, 56r*

Stockhouse Il Giglio [113 D5]
Auch hier Designermode der letzten Saison. Manchmal können Sie ein wirklich gutes Schnäppchen machen. *Borgo Ognissanti, 64*

Trench [110 C5]
🏃 Einfallsreiche junge Mode, die Weltruf genießt. *Borgo S. Lorenzo, 10r, Via Porta Rossa, 16r*

Relaxen bei Cappuccino und Lektüre

Libreria Edison macht's möglich

Ganz ideal: Sie schnappen sich einen Stapel Bücher oder Zeitschriften (in Italienisch, Englisch, Französisch oder Deutsch), gehen auf die Empore, holen sich an der Bar einen Cappuccino und vom reich bestückten Kuchenbuffet eine Kleinigkeit für die Hüften – und lassen sich in einen der Sessel fallen. Im feuchtkalten Winter ist es hier angenehm warm, an brütend heißen Sommertagen schnurrt die Klimaanlage: eine Wohltat für Leib und Seele. *Libreria Edison, Piazza della Repubblica, 27r*

Zegna [110 A4]

Kleidung und Accessoires für den modebewussten Mann. *Piazza Rucellai, 4–7r*

PORZELLAN

Armando Poggi [111 D3]

Armando Poggi gehört zu den alteingesessenen Firmen, die alles für eine schöne Tafel Erforderliche bieten: Porzellan, Silber, Kristall und vieles mehr. *Via dei Calzaiuoli, 105 und 116r*

Maison, mon Amour [110 B3]

Hier bekommt man Lust, sein altes Geschirr oder Besteck zu verschenken, um sich gleich neues zu kaufen! *Via Rondinelli, 11r*

Viceversa [111 E2]

Haushaltsgeräte in edlem Design (u.a. Alessi, Starck) und schöne Geschenkartikel. *Via Ricasoli, 53r*

SCHALLPLATTEN & CDs

Ricordi [110 C3]

🏃 Über 20 000 Titel sind ständig vorrätig! Und eine Auswahl an Gitarren. *Via Brunelleschi, 8r*

SCHMUCK

Callai [110 C6]

Hier finden Sie Gold in (fast) jeder Form. *Ponte Vecchio, 17*

Even Bijoux [111 D4]

Handgearbeiteter Schmuck nach alten und modernen Vorlagen. *Via Dante Alighieri, 8r*

Fiori del Tempo

Wunderschönes, preiswertes Geschmeide kreiert aus Silber, Fluss-

Kostbarkeiten aus Perlen und Gold

perlen, Granat und Halbedelsteinen. *Via de'Pucci, 3a,* [111 E2] *Via del Corso, 31r* [111 D4]

U. Gherardi [110 C6]

Größte Auswahl an Perlen- und Korallenketten. *Ponte Vecchio, 5–9r*

Pepita [111 F4]

Ein winzig kleiner Laden, in dem raffinierter und amüsanter Modeschmuck automatisch gute Laune verbreitet. *Borgo degli Albizzi, 23r*

SCHUHE

An Qualität und Formschönheit sind Schuhe aus Italien unübertroffen. Florenz ist übersät mit Schuhgeschäften: Die preisgünstigen liegen im Viertel San Lorenzo, die teuren um Dom und Piazza della Repubblica.

Die MARCO POLO Bitte

Marco Polo war der erste Weltreisende. Er reiste in friedlicher Absicht, verband Ost und West. Er wollte die Welt entdecken, fremde Kulturen kennen lernen, nicht zerstören. Könnte er heute für uns Reisende nicht Vorbild sein? Aufgeschlossen und friedlich sollte unsere Haltung auf Reisen sein. Dazu gehören auch Respekt vor Mensch und Tier und die Bewahrung der Umwelt.

Ferragamo [110 B5]
Damenschuhe, Kleider und Accessoires vom »König der Schuhmacher«. Mit Schuhmuseum. *Via Tornabuoni, 16r*

Gucci [110 B4]
Weltberühmt für seine soliden Schuhe, Lederwaren und Accessoires. *Via Tornabuoni, 73r*

Monti Calzature [111 D2]
Sollten Sie einfach bequeme Schuhe brauchen: Monti hat sie bestimmt – auch Birkenstocksandalen und Dr.-Scholl-Produkte. *Piazza Duomo, 27r*

Stefano Bemer [116 B1]
Das Exklusivste: Herrenschuhe vom Golfschuh bis zum Lackslipper auf eigenem Leisten handgefertigt – ab 450 Euro. Reiseaccessoires aus feinem Leder, Pantoffeln und Gürtel. *Borgo S. Frediano, 143r, www. stefanobemer.it*

SILBERWAREN

Brandimarte [110 C6]
Auch wenn der alte Brandimarte tot ist, die von ihm entworfenen Silberwaren, oft in Form von Blättern und Blüten, werden weiterhin von seinen Mitarbeitern gefertigt und in dem eleganten Geschäft in der Innenstadt verkauft. *Lungarno Acciaiuoli, 54r*

STICHE

Nencioni [111 D5]
★ Über zwei Millionen Kupferstiche verschiedener Epochen und Motive – ob Landkarten, Veduten, Pflanzen oder Tiere – sind hier am Lager. Auf Wunsch gibt es für jedes Bild auch den passenden Rahmen. *Via della Condotta, 27r*

STOFFE

Antico Setificio Fiorentino [116 B1]
★ Alessandro Pucci hat im Stadtviertel San Frediano eine Seidenweberei aus dem 18. Jh. zum Leben erweckt und webt und verkauft hier traumschöne Stoffe nach antiken Mustern. Nicht unbedingt billig, aber das Höchste an Exklusivität auf diesem Gebiet! *Via Bartolini, 4*

Blue Home [110 B5]
In diesem gemütlichen Geschäft und bei freundlich-sachkundiger Bedienung finden Sie die schönsten Dekorationsstoffe – vom handgewebten Leinen bis zum exquisiten Brokat. *Via Tornabuoni, 2*

Casa dei Tessuti [110 C3]
Die größte Auswahl an Haute-Couture-Textilien. Die Modelle der großen italienischen Designer werden auf Wunsch per Dia vorgeführt und mit dem Originalstoff (im Lager liegen ständig etwa 2000 Abschnitte neuester Stoffe!) durch hervorragende Schneider für die Kunden genäht. *Via dei Pecori, 20–24r*

VENEZIANISCHES GLAS

Archimede Seguso
Wer es nicht schafft, noch in Venedig vorbeizuschauen, findet hier die zauberhaften Gebilde der Muraner Glasbläser – vom Briefbeschwerer bis zum vielarmigen Lüster. *Via Tornabuoni, 65r* **[110 B4]** *und Via delle Belle Donne, 16r* **[110 B3]**

WÄSCHE

Loretta Caponi [110 B3]
★ Das noble Florenz, wie es sich bettet und seine Sprösslinge ausstaf-

Gute Weine wachsen nicht nur im Chianti

fiert. *Piazza Antinori, 4r und Via delle Belle Donne, 22r*

Ferrini [110 C4]
Hier finden Sie edle Bett- und Tischwäsche, Nachthemden und vieles mehr. *Via Calimala, 5r*

WEIN

Entdecken Sie Ihren eigenen Lieblingswein! In der Stadt haben die hier angegebenen Geschäfte ein besonders großes Sortiment guter toskanischer Weinen.

Alessi [111 D3]
Via delle Oche, 27r

Enoteca Bonatti [119 E1]
Via Gioberti, 66–68r

Enoteca F. Murgia [110 B2]
Via dei Banchi, 55–57r

Pitti Gola e Cantina [117 D3]
Piazza Pitti, 15

ZEICHENARTIKEL

Neben handgeschöpftem Papier waren hochwertige Malfarben aus Florenz schon im Mittelalter berühmt.

Rigacci [114 B4]
Traditionsreiche Handlung in der Nähe der Kunstakademie; auch Materialien für Restaurierungen. *Via dei Servi, 71r*

Zecchi [111 E3] *Insider Tipp*
Farben für Künstler und Restauratoren. Ein Laden wie vor 100 Jahren – und man kann sich noch immer den gewünschten Farbton anrühren lassen! *Via dello Studio, 19r*

Schlafen im Palazzo

Bevorzugen Sie Unterkünfte im historischen Zentrum oder lieber außerhalb im Grünen?

Frühzeitige Buchung ist in Florenz angesagt! Aber beachten Sie: Im Hochsommer ist für einen längeren Aufenthalt wahrscheinlich ein Hotel im Grünen oberhalb der Stadt vorzuziehen. Im Zentrum zu wohnen hat allerdings auch Vorteile: Sie erleben die Stadt und ihre Bewohner unmittelbar, während der heißen Mittagsstunden kann man sich zurückziehen, und zudem sind die Preise vieler Stadthotels im Juli und August (wie auch im Februar) ermäßigt.

Wollen Sie mit der ganzen Familie nach Florenz fahren, so erkundigen Sie sich bei *Top Quark srl./Family Hotels (Viale F.lli Rosselli, 39r, Tel. 055 33 40 41, Fax 055 324 70 58, www.familyhotels.com)*. Privatunterkünfte vermittelt *A.G.A.P. (Piazza S. Marco, 7, Tel./Fax 055 28 41 00, www.agap.it)*. Über Arrangements mit kulturellen Veranstaltungen informiert Sie *Florence Promhotels (Viale Volta, 72, Tel. 055 57 04 81, Fax 055 58 71 89, www.promhotels.it)*. Die Broschüre *Guida all'ospitalità*, in der alle Unterkünfte in Florenz und Umgebung verzeichnet sind, sowie der *Guide to bed & breakfast* können Sie kostenlos beim *APT* anfordern *(www.firenzeturismo.it)*. Informieren Sie sich bei der Buchung gleich über Parkmöglichkeiten!

Stilvolles Hotel mit Traumblick: Torre di Bellosguardo

HOTELS €€€

Albergotto [110 B4]
Die drei obersten Stockwerke eines Palazzo in elegantester Lage der Stadt. *22 Zi., Via Tornabuoni, 13, Tel. 05 52 39 64 64, Fax 05 52 39 81 08, www.albergotto.com*

Executive [112 C5]
Modern und funktional. Mit Sauna, Restaurant und Parkmöglichkeit. *38 Zi., Via Curtatone, 5, Tel. 055 21 74 51, Fax 055 26 83 46, www.hotelexecutive.it*

Gallery Art Hotel [110 C6]
★ Understatement wird im neuesten und exklusivsten kleinen Hotel beim Ponte Vecchio groß geschrieben. Sie erhalten zu jeder Tageszeit auf der schattigen Piazzetta auch köstliche Kleinigkeiten in der *Fusion Bar (Shozan Gallery)*. Japanisch-internationale Küche. *65 Zi. (Nr. 604, 605 und 606 mit Dachterrasse!), Vicolo dell'Oro, 3–5, Tel. 05 52 72 63, Fax 055 26 85 57, www.lungarnohotels.com*

Insider Tipp

Grand Hotel Minerva [110 A2]
Zentral, nach hinten ruhig. Freundlicher Service und auf dem Dach ein schöner Swimmingpool! *99 Zi., Piazza S. M. Novella, 16, Tel. 05 52 72 30, Fax 055 26 82 81, www.grandhotelminerva.com*

JK Place [110 A3]

Ein neues, sehr elegantes und intimes Hotel mit viel Charme und Stil. *20 Zi., Piazza S. M. Novella, 7, Tel. 05 52 64 51 81, www.jkplace.com*

Lungarno [110 B6]

★ ◀▮▶ Modern und komfortabel am südlichen Arno-Ufer. Vorzügliches Restaurant. *66 Zi., Borgo S. Jacopo, 14, Tel. 05 52 72 61, Fax 055 26 84 37, www.lungarnohotels.com*

Lungarno Suites [110 C6]

◀▮▶ Minimalistisch eingerichtete, bequeme Apartments mit Blick auf den Arno, Kochnische und dem Service eines großen Hotels. *44 Apartments, Lungarno Acciaiuoli, 4, Tel. 055 27 26 80 00, Fax 055 27 26 88 88, www.lungarnohotels.com*

Monna Lisa [114 C5]

Beliebtes Hotel in einem Renaissancepalast. Für die nostalgische Atmosphäre zahlen viele Gäste gern etwas mehr. *24 Zi., Borgo Pinti, 27, Tel. 05 52 47 97 51, Fax 05 52 47 97 55, www.monnalisa.it*

Torre di Bellosguardo [0]

★ ◀▮▶ Ruhe und Gastlichkeit in schöner Renaissancevilla mit Blick von Süden auf die Stadt. Großer Park mit Pool. *13 Zi., Via Roti Michelozzi, 2, Tel. 05 52 29 81 45, Fax 055 22 90 08, www.torrebellosguardo.com*

Villa Carlotta [116 C6]

★ Elegant-familiäre Atmosphäre in einer Villa des 19. Jhs. im Grünen hinter der Porta Romana gelegen. Toskanisches Spezialitätenrestaurant, zuvorkommender Service. *26 Zi., Via Michele di Lando, 3, Tel. 055 22 05 30, Fax 05 52 33 61 47, www.veneve.it/firenze/villacarlotta*

Annalena [116 C3]

★ Romantisches Liebhaberdomizil in bester Lage bei den Boboli-Gärten. Die schönsten Zimmer gehen auf die offene Galerie mit Blick ins Grüne. Nur Frühstück. *20 Zi., Via Romana, 34, Tel. 055 22 24 02, Fax 055 22 24 03, www.hotelannalena.it*

Aprile [110 A2]

Zauberhaftes kleines Hotel mit geschmackvoller Ausstattung und hübschem Garten in Bahnhofsnähe. Nur Frühstück. *29 Zi., Via della Scala, 6, Tel. 055 21 62 37, Fax 055 28 09 47, www.hotelaprile.it*

Loggiato dei Serviti [114 C4]

★ Ein charmantes Hotel mit viel Atmosphäre an einem der schönsten Plätze. *30 Zi., Piazza SS. Annunziata, 3, Tel. 055 28 95 92, Fax 055 28 95 95, www.loggiatodeiservitihotel.it*

Morandi alla Crocetta [114 C4]

★ 🏃 Kleines, stilvolles und relativ ruhiges Hotel in der Nähe des Archäologischen Museums in einem ehemaligen Kloster. Gut für Familien. Garage. *10 Zi., Via Laura, 50, Tel. 05 52 34 47 47, Fax 05 52 48 09 54, www.hotelmorandi.it*

Principe [112 C5]

Zimmer mit Blick auf den Fluss oder zum schönen Garten, freundliche und stilvolle Atmosphäre. *20 Zi., Lungarno Vespucci, 34, Tel. 055 28 48 48, Fax 055 28 34 58, www.hotelprincipe.com*

Royal [114 B2]

In einer Villa des 19. Jhs. mit großem Garten. Ruhig und doch in

Insider Tipp

Bahnhofsnähe. Parkmöglichkeit im Garten! Nur Frühstück. *33 Zi., Via delle Ruote, 52, Tel. 055 48 32 87, Fax 055 49 09 76, www.hotelroyal firenze.com*

Una Hotel Vittoria [112 A6]

Hier hat die Zukunft schon begonnen: bis ins letzte Detail futuristisch gestyltes Hotel – mit Wochenendarrangements. *84 Zi.,Via Pisana, 59, Tel. 05 52 27 71, www.unahotels.it*

Tourist House Ghiberti [111 E2]

»Exclusives Bed & Breakfast« so bezeichnet Claudio sein kleines Hotel in Domnähe – und es entspricht den Tatsachen: schöne Zimmer mit Kingsize-Betten, TV, Telefon, Fax, Computer mit Internetanschluss (Surfen gratis!) und Klimaanlage. Zudem stehen den Gästen eine Sauna, ein Jacuzzi und eine Terrasse zur Verfügung. Und zum Frühstück backt der Hausherr sogar manchmal einen Kuchen. *5 Zi., Via Bufalini, 1, Tel. 055 26 11 71, www.touristhouseghiberti.com*

Unicorno [110 A3]

Geschmackvolles Interieur und freundlicher Service in einem kleinem Hotel zwischen S. M. Novella und dem Arno. *27 Zi., Via dei Fossi, 27, Tel. 055 28 73 13, Fax 055 26 83 32, www.hotelunicorno.it*

HOTELS €

Aily Home [110 C6]

Glück muss man haben, um in dieser wohl preiswertesten Pension der Stadt ein Zimmer zu bekommen – das vielleicht sogar auf den Ponte Vecchio geht. *4 Zi., Piazza S. Stefano, 81, Tel. 05 52 39 65 05*

MARCO POLO Highlights »Übernachten«

★ **Gallery Art Hotel**
Edel, schlicht, ruhig und in idealer Lage (Seite 71)

★ **Lungarno**
Modern-gepflegt direkt am Ponte Vecchio (Seite 72)

★ **Torre di Bellosguardo**
Renaissancevilla mit Pool und Aussicht (Seite 72)

★ **Villa Carlotta**
Landhaus-Charme in Zentrumsnähe (Seite 72)

★ **Annalena**
Liebhaberdomizil beim Boboli-Garten (Seite 72)

★ **Loggiato dei Serviti**
Viel Ambiente in den Räumen eines ehemaligen Klosters (Seite 72)

★ **Morandi alla Crocetta**
Stilvoll und charmant – und sogar bezahlbar (Seite 72)

★ **Bencistá**
Familiäre Atmosphäre in einer Villa am Hügel von Fiesole (Seite 74)

★ **Fattoria di Maiano**
Urlaub zwischen Kunst und Oliven (Seite 77)

Florentiner Luxushotels

Continentale   [110 C6]
2003 eröffnete dieses schicke Luxushotel mit allen Annehmlichkeiten vom Fitnessraum bis zur Sky Lounge. Ruhig und nur drei Minuten zum Ponte Vecchio. Ab 350 Euro. *43 Zi., 1 Suite, Vicolo del Oro, 6r, Tel. 055 27 22 62, Fax 055 28 31 39, www.lungarno hotels.com*

Excelsior   [113 D5]
◁▷ Traditionshotel in einem eleganten Bau des 19. Jhs. am Arno-Ufer. Schöne Panoramadachterrasse. Ab 620 Euro. *205 Zi. und Suiten, Piazza Ognissanti, 3, Tel. 05 52 71 51, Fax 055 21 02 78, www.westin.com*

Helvetia & Bristol   [110 B3]
Charmantes Stadthotel mit Old-England-Atmosphäre, schönen alten Möbeln und bezauberndem Wintergarten. Gutes Restaurant. Ab 300 Euro. *64 Zi. und Apartments, Via dei Pescioni, 2, Tel. 055 28 78 14, Fax 055 28 83 53, www.charminghotels.it*

Savoy   [110 C4]
Ideal für Luxusshopper: Ein edles, von Sir Rocco Forte übernommenes und renoviertes Grandhotel direkt im Stadtzentrum mit Aussicht auf die Piazza della Repubblica. Vorzüglicher Service und gutes Restaurant. Ab 330 Euro. *107 Zi. und Suiten, Piazza della Repubblica, 7, Tel. 05 52 73 51, Fax 055 27 35 88, www.roccofortehotels.com*

Villa San Michele   [U E2]
◁▷ Dieses zum Teil von Michelangelo entworfene ehemalige Kloster am Hang unter Fiesole mit herrlichem Blick auf die Stadt gilt als eines der luxuriösesten Hotels Italiens. Ein großer Park umgibt die Villa, einige Apartments haben sogar einen eigenen Swimmingpool. In der Loggia mit Traumblick können Sie aber auch nur einen Cocktail nehmen! 780–2500 Euro. *Dez. bis 25. März geschl., 28 Zi. und Apartments, Via Doccia, 4, Fiesole, Tel. 05 55 67 82 00, Fax 05 55 67 82 50, www.villasanmichele.com*

Alessandra   [110 C5]
◁▷ Hotel in den oberen Stockwerken eines mittelalterlichen Palazzo. Große Zimmer – die Nummern 11, 20 und 21 mit schönem Blick auf den Arno. *25 Zi., Borgo SS. Apostoli, 17, Tel. 055 28 34 38, Fax 055 21 06 19, www.hotelalessandra.com*

Alfa   [115 E4]
🏃 Einfaches, freundliches und preisgünstiges Haus bei S. Croce. *8 Zi., Via Alfieri, 9, Tel. 05 52 47 77 42, Fax 055 24 58 25, www.hotelalfa.it*

Bencistà   [U E2]
★ ◁▷ Auf halbem Weg nach Fiesole am Hang in Olivenhainen gelegenes, stilvolles Familienhotel. Erholsame, freundliche Atmosphäre und ein Traumblick auf die Stadt. 6 km zum Zentrum. Nur Halbpension. *35 Zi., Via Benedetto da Maiano, 4, Fiesole, Tel. und Fax 05 55 91 63, pensionebencista@iol.it*

Boboli   [116 B4]
Beim Boboli-Garten; einfach, gemütlich und preiswert. *21 Zi., Via Ro-*

mana, 63, Tel. 05 52 33 65 18, Fax 05 52 33 71 69, www.hotelbobo li.com

Casci [114 B4]
Einfaches, familiär geführtes Hotel beim Dom. Relativ ruhige, moderne Zimmer mit Bad. 25 Zi., Via Cavour, 13, Tel. 055 21 16 86, Fax 05 52 39 64 61, www.hotelcasci.com

Classic [116 C6]
Eine typische Florentiner Villa des 19. Jhs. mit Garten, umgewandelt in ein charmantes Hotel. Nahe Porta Romana. 19 Zi., Viale Machiavelli, 25, Tel. 055 22 93 51, Fax 055 22 93 53, www.classichotel.it

Crocini [112 B4]
🏃 Preiswertes Hotel für Konzertbesucher nahe dem Teatro Comunale. Mit hübschem Garten und Restaurant. Parkplatz. 20 Zi., Corso Italia, 28, Tel. 055 21 29 05, Fax 055 21 01 71, www.hotelcrocini.com

Firenze [111 D4]
Schnäppchenpreise (für Florentiner Verhältnisse) – und zentraler geht es nicht. Alle kürzlich renovierten Zimmer mit Dusche und TV. 60 Zi., Piazza dei Donati, 4 (von der Via del Corso abgehend), Tel. 055 21 42 03, Fax 055 21 23 70

Gioia [111 D1]
Kleines Hotel im Herzen der Stadt mit geschmackvoll eingerichteten Zimmern. Parkmöglichkeit. 22 Zi., Via Cavour, 25, Tel. 055 28 28 04, Fax 05 52 39 89 97, www.firenze albergo.it/home/hotelgioia

Hotel Arizona [115 D5]
Wenige Schritte vom quirligen Viertel S. Ambrogio mit seinem Wochenmarkt und doch sehr ruhig. Ein angenehmes Hotel mit modernen Zimmern. Kostenlose Parkgelegenheit oder Garage. 21 Zi., Via Farini, 2, Tel. 055 24 53 21, www.arizonahotel.it

Hinter der Fassade von Michelangelo wartet Luxus pur: Villa San Michele

Hotel Azzi [113 E3]

Ideal für Familien und junge Leute: im ersten Stock nette DZ und Mehrbettzimmer (max. 4 Betten) nur mit Waschbecken. Das DZ kostet 65 Euro, im Mehrbettzimmer 22 Euro pro Person inkl. Frühstück! *11 Zi., Via Faenza, 56, Tel. 055 21 38 06, www.hotelazzi.it*

Insider Tipp Locanda degli Artisti [113 E3]

Schön eingerichtete Zimmer zum Wohlfühlen mit luxuriösem Bad. Familiäre Atmosphäre, romantisch – und nur fünf Gehminuten vom Bahnhof entfernt. *12 Zi., 4 Suiten, Via Faenza, 56, Tel. 055 21 38 05, www.locandadegliartisti.it*

Pensione Scoti [110 B4]

Die Duschen befinden sich auf dem Korridor, aber ansonsten ist alles o.k. – vor allem die Lage und der Preis. *7 Zi., Via Tornabuoni, 7, Tel. und Fax 055 29 21 28, hotelscoti@hotmail.com*

Por S. Maria [110 C5]

Von den gemütlichen Zimmern im 4. Stock (Aufzug) sehen Sie auf die belebte Por S. Maria. Schön zentral. *8 Zi., Via Calimaruzza, 3, Tel. und Fax 055 21 63 70*

Relais Il Cestello [116 B1] Insider Tipp

Bed & Breakfast in sehr schönen Zimmern an einer zum Fluss offenen Piazzetta auf der südlichen Arno-Seite. *6 Zi., Piazza di Cestello, 9, Tel. 055 28 06 32, Fax 055 28 06 31, www.relaisilcestello.it*

Residenza Il Carmine [116 C2]

Sechs hübsch eingerichtete Apartments (drei zum Innengarten mit Sitzecke) mit Bad und Kochnische für 1–4 Personen. Ideal auch für einen längeren Aufenthalt. Ruhig, aber im lebhaften Viertel von S. Spirito, *dem* Treffpunkt von Florenz. *Via d'Ardiglione, 28, Tel. und Fax 05 52 38 20 60, www.residenzailcarmine.com*

Residenzen: Wohnen in typisch florentinischem Ambiente

Residenza Johanna [U B3]

In einer ruhigen Gegend kleine, familiär geführte und gepflegte Frühstückspension mit Parkmöglichkeit im Garten. *6 Zi., Via Cinque Giornate, 12, Tel. 055 47 33 77, www.johanna.it*

Toscana [110 B3]

Lassen Sie sich von der Fassade nicht abschrecken: Die 11 Zimmer (mit Bad, TV, Telefon) sind gut. Mit schönem Frühstücksraum! *Via del Sole, 8, Tel. 055 21 31 56, Fax 055 26 88 13*

Villa Bonelli [U E1]

Modernes, ruhiges Haus im Ortskern von Fiesole. Im Sommer weht hier oben ein deutlich kühleres Lüftchen als in der Stadt! *23 Zi., Via Poeti, 3, Fiesole, Tel. 05 55 95 13, Fax 055 59 89 42, www.hotelvilla bonelli.com*

AGRITURISMO

Generelle Auskunft unter *www.agri turismo.regione.toscana.it.*

Fattoria di Maiano [U F2]

★ ✹ In Park und Villa wurde der Film »Zimmer mit Aussicht« gedreht – der Blick ist entsprechend. Sieben gemütliche Apartments in den Hügeln. Schwimmbad, Restaurant und Gutsprodukten. Nur wochenweise. Für 2 Personen um 500 Euro. *Via Benedetto da Maiano, 11, Tel. 055 59 96 00, Fax 055 59 96 40, www.fattoriadimaiano.com*

RELIGIÖSE INSTITUTE

Vor allem Gruppenreisende und Jugendliche suchen in den 38 von Ordensleuten geführten Häusern Aufenthalt. Die Übernachtung kostet pro Person zwischen 16 Euro ohne Frühstück (Pio X.) und 44 Euro mit Frühstück bei Santa Elisabetta.

**Casa Regina
del Santo Rosario** [114 C3]

🏃 Für Mädchen. *20 Zi., 20 Betten, Via Giusti, 35, Tel. 05 52 47 76 36, Fax 05 52 26 91 49*

Istituto Santa Elisabetta [119 E4]

29 Zi., 64 Betten, Viale Michelangelo, 46, Tel. und Fax 05 56 81 18 84, mabigus@itn.it

Pio X. Artigianelli [116 B3]

🏃 *18 Zi., 64 Betten, Via dei Serragli, 106, Tel. und Fax 055 22 50 44*

JUGENDHERBERGEN

Ostello Archi Rossi [110 C1]

Zentral gelegen. 19–22 Euro exkl. Frühstück. *21 Zi., 96 Betten, Via Faenza, 94r, Tel. 055 29 08 04, Fax 05 52 30 26 01, www.hostelarchi rossi.com*

Ostello Santa Monaca [116 C2]

Im Oltrarno. 16,50 Euro exkl. Frühstück. *14 Zi., 115 Betten, Via S. Monaca, 6, Tel. 055 26 83 38, Fax 055 28 01 85, www.ostello.it*

Ostello Villa Camerata [U E3]

Jugendherberge in einer schönen Villa etwas außerhalb des Stadtzentrums. Im Park auch Zeltmöglichkeiten. Schriftliche Reservierung möglich. Maximaler Aufenthalt drei Nächte. Übernachtung inkl. Frühstück 16,50 Euro. Ganzjährig geöffnet. *64 Zi., 322 Betten, Viale Righi, 2, Tel. 055 60 14 51, Fax 055 61 03 00, www.hihostel.com*

Florence by night!

**Ob Szenediskos oder hochkarätige Aufführungen –
das Florentiner Nachtleben ist vielseitig**

Wenn Sie nicht einfach durch die Straßen und Gassen der Innenstadt bummeln möchten, was an sich schon faszinierend ist, bietet Florenz viele Möglichkeiten für einen abwechslungsreichen Abend – auch wenn Sie ein regelrechtes Amüsierviertel hier vergebens suchen. Viele trendige Bars und Jazzlokale liegen im Zentrum, die meisten heißen Diskos aber sind am Stadtrand zu finden.

*An warmen Abenden
isst man gern im Freien*

Die Florentiner Theaterlandschaft ist besonders lebendig. Die jährlich 200 Aufführungen sind häufig Gastspiele und bieten einen repräsentativen Querschnitt der Theaterproduktion aller italienischen Bühnen. Für alle Spielstätten Kartenvorverkauf *Box Office, Via Alamanni, 39, Tel. 055 21 08 04, www.boxoffice.it.*

BARS & SZENELOKALE

Apollo [110 C1]
Jeden Tag *happy hour* 18–21 Uhr mit großem Buffet, danach Dinner und Show. *Via dell'Ariento, 41*

Art Bar [110 A4]
Neu eröffnet – und sofort ein In-Lokal! Sanfte Rhythmen und köstliche Cocktailkreationen in ange-

*Bei der Kopie des Davids
auf dem Piazzale Michelangelo
trifft sich abends die Jugend*

nehmem, von Künstlern bevorzugtem Ambiente nahe dem Arno-Ufer. *Mo–Sa ab 20 Uhr, Via del Moro, 4r*

Astor Café [111 D3]
Direkt am Dom jeden Tag von 10 bis 3 Uhr: Breakfast, Lunch, Aperitif und Cocktails. Die *happy hour* dauert hier ausnahmsweise von 18 bis 22 Uhr! *Piazza Duomo, 10r*

Café Caracol [114 A4]
Südamerikanische Snacks, Cocktails, mexikanische Küche, 17.30 bis 19 Uhr *happy hour,* jeden Sonntag *brunch. Di–So bis 3 Uhr morgens, Via dei Ginori, 10r*

The Chequers Pub [113 D4]
Old England in Florenz. Ströme von Ale fließen, und es ist immer voll. Typisches Pub-Food mit Fish & Chips, Hot dogs und Sandwiches. *Tgl. 18–1.30, happy hour 18.30–20 Uhr, Via della Scala, 7–9r*

Dolce Vita [116 B2]

★ Spitzencocktails ab 17.30 Uhr, eine Stunde später *happy hour*, und dann geht's weiter bis 2 Uhr. Mix aus Diskobar mit kleinen Ausstellungen und Minikonzerten. *Mo bis Sa, Piazza del Carmine, 6r*

Dolce Zucchero [111 F4]

🏃 Sehr beliebter Club, vor allem bei jungen Touristen und Erasmus-Studenten. Funky Musik. *Mo–Sa, Via Pandolfini, 36r*

Hemingway's [116 B2]

Auch im Oltrarno sind die Nächte lang. Und sonntags 11.30–14.30 Uhr Brunchbüfett. Mischung aus Tea-Room und Brasserie. Beliebt bei Schlemmern ist die hier servierte Schokolade. *Di–Sa 16.30–1, Fr/Sa bis 2 Uhr, Piazza Piattellina, 9r*

Jazz Club [114 C5]

Ab 21.30 Uhr strömen die Fans in ihren Jazzclub, donnerstags zur Jamsession. Von Juni bis September zieht das Lokal in den Park der *Villa Fabbricotti (Di–So, Via Vittorio Emanuele* [U B2]*)*. *Via Nuova de'Caccini, 3 (Ecke Borgo Pinti)*

Negroni [118 A3]

An einer kleinen Piazza im Oltrarno ein Florentiner Traditionslokal, das plötzlich wieder in ist: Man trifft sich bei Negroni, von morgens 8 bis 2 Uhr nachts (sonntags erst ab 18.30 Uhr), vom Frühstückscappuccino bis zu Cocktails. Kunstausstellungen geben dem Ambiente zusätzliches Flair. *Via dei Renai, 17r*

Nova Bar [111 D2]

Elegante und informelle Bar direkt am Domplatz. Morgens ab 8 Uhr Cappuccino und frische Backwaren,

mittags Nudelgericht, Fleisch oder Fisch und ein Glas Wasser plus Kaffee für 5,80 Euro. Dann geht's weiter mit Cocktails. *Mo–Do bis 2, Fr/Sa bis 3 Uhr, Via Martelli, 14r*

Rex Caffè [114 C5]

Happy hour 17.30–21.30 Uhr in einem innenarchitektonisch sehr interessanten Lokal. *Tgl. 17–3 Uhr, Mitte Mai–Sept. geschl., Via Fiesolana, 25*

Tabasco [111 D5]

★ Cocktailbar nur für Männer bei der Piazza della Signoria. Mittwochs ist *leather night*. Bis 4 Uhr. Do–Sa auch Disko bis 6 Uhr. Das Tabasco nennt sich die erste *Discogay* Italiens! *Piazza di S. Cecilia, 3r*

The William Pub [118 B2]

Täglich ab 18 Uhr fließt hier der Gerstensaft: Irish, Scottish, English – die größte Auswahl an Biersorten. *Via Magliabechi, 7–11r*

Zoe [118 A3]

🏃 Beliebter Treff für die junge arbeitende Bevölkerung des Viertels S. Niccolò, um mittags schnell etwas zu essen, aber auch für Upper-class-Studenten, die sich abends zum Aperitif treffen. *Happy hour* 16–22 Uhr. `Insi Tip` *Fr–Mi 8–2 Uhr, Via dei Renai, 13r*

Zona 15 [111 E2]

Im alten Univiertel hinterm Dom ist der lange Tresen unter gewaltigen Pfeilern immer besetzt: Von 11 bis 3 Uhr früh wird bei guter Musik diskutiert, geflirtet und natürlich gegessen. Beliebt sind abends die Austern. `Insi Tip` Mittags gibt's ein Zweigängemenü schon für 10 Euro! *Mo bis Fr und Sa abends, Via del Castellaccio, 53*

DISKOTHEKEN

Die Öffnungszeiten können der Jahreszeit entsprechend schwanken. Zur Sicherheit eventuell vorher anrufen! Der Eintrittspreis beträgt meist 25 Euro.

Central Park [112 A3]

★ 🏃 Im Sommer beliebte Openairdisko mit sechs Tanzflächen am Eingang zum Park der *Cascine*. Im Kalender unter *www.discocentral park.it* können Sie nachsehen, welche Veranstaltungen anstehen. *Mi–Sa, Via Fosso delle Macinate, 13, Tel. 055 35 35 05*

Maracanà [113 F4]

Brasilien gibt hier den Ton an: von den Gerichten über die Rhythmen bis zur allabendlichen Show. *Di–So 20.30–4 Uhr, Via Faenza, 4, Tel. 055 21 02 98*

Meccanò [U A4]

★ 🏃 Das beliebteste Disko-Pub-Restaurant im Park der *Cascine*. *Do–Sa, Viale degli Olmi, 1, Tel. 055 33 13 71, www.meccano.net*

Tenax [0]

★ In ganz Italien bekannte Disko. Internationale DJs, täglich wechselndes Programm. *Di–So ab 22 Uhr, Via Pratese, 46, Tel. 055 30 81 60, www.tenax.org*

Universale [112 B6]

Schauen Sie unter *www.universale firenze.it* nach, was gespielt wird. Je nach Abend und Uhrzeit Eintritt 10–18 Euro. *Mi–So 20–3 Uhr, Via Pisana, 77r, Tel. 055 22 11 22*

Yab [110 C4]

★ Die In-Diskothek mitten in Florenz. Aperitif, Abendessen und Livemusik in einem. Mo *Smooth*, Di

---

MARCO POLO Highlights
»Am Abend«

★ **Dolce Vita**
Hier werden gute Cocktails gemixt (Seite 80)

★ **Tabasco**
Wenn Männer unter sich sein wollen (Seite 80)

★ **Central Park**
Openairdisko (Seite 81)

★ **Meccanò**
Beliebtes Ziel der Florentiner Diskofans (Seite 81)

★ **Tenax**
Hier spielen die besten Bands (Seite 81)

★ **Yab**
Die In-Disko im Zentrum (Seite 81)

★ **Forte di Belvedere**
Kino im Freien (Seite 82)

★ **Teatro del Maggio Musicale**
Italienische Oper (Seite 82)

★ **Teatro della Pergola**
Spitzenensembles im historischen Theater (Seite 82)

★ **Teatro Romano in Fiesole**
Ballett und Theater im Amphitheater (Seite 83)

House, Mi *Commercial,* Do eleganter *Fashion-Abend* mit verschiedenen DJs. *Mo–Sa ab 21.30 Uhr; Via dei Sassetti, 5r, Tel. 055 21 51 60, www.yab.it*

KINOS

Forte di Belvedere [117 E4]
★ ◁▷ Im Sommer Filme im Freien auf zwei Großleinwänden. *Via S. Leonardo, Tel. 05 52 34 28 22*

Odeon CineHall [110 C4]
Original Sound. Jeden Mo, Di, Do Filme in englischer Originalfassung. *Via Sassetti, 1, Tel. 055 21 40 68*

KONZERTE

Insider Tipp **Auditorium Flog** [0]
Viele Livekonzerte, meist Pop und Rock, aber auch Reggae, Hip Hop und Blues. Do, Fr und Sa Partys mit guten DJs. Faire Eintrittspreise 5–20 Euro. *Via M. Mercati, 24b, Tel. 055 48 71 55, flogfi@virgilio.it*

Palasport [U E5]
Größte Veranstaltungshalle der Stadt, in der neben sportlichen auch Shows nationaler und internationaler Musikstars stattfinden. *Viale Pasquale Paoli, 3, Tel. 055 67 88 45*

Saschall [U E5]
Das Florentiner Pedant des Tempodrom in Berlin mit immer aktuellem Konzert- und Showprogramm. *Lungarno Aldo Moro, 3, Tel. 05 56 50 41 12, www.saschall.it*

Teatro del Maggio Musicale [112 b4]
★ Großes Opern- und Konzerthaus für Aufführungen des *Maggio Musicale. Corso Italia, 16, Tel. 055 21 35 35, www.maggiofiorentino.com*

Teatro della Pergola [114 C5]
★ Historisches Logentheater (1755), in dem Kammerkonzerte und Schauspiele veranstaltet werden. *Via della Pergola, 18, Tel. 05 52 26 43 35, www.pergola.firenze.it*

Teatro Verdi [111 F5]
Großes altes Logentheater für die Konzerte des *Orchestra Regionale della Toscana. Via Ghibellina, 99, Tel. 055 21 34 96, www.teatroverdi firenze.it*

Lichter der Stadt

Bei einer Kahnfahrt
Florenz vom Wasser aus betrachten

Flusssandfischer haben ihre alten Kähne gemütlich ausgestattet und staken bis zu 15 Besucher leise und sicher unter den Brücken hindurch, während sie von vergangenen Zeiten und ihrer mühevollen Arbeit erzählen. Vor allem am Abend, wenn die Paläste entlang der Ufer erleuchtet sind, ist eine Flussfahrt eine selten schöne Art, Florenz zu betrachten! Von Mai bis Oktober – wann immer der Fluss es erlaubt. In der übrigen Zeit auf Anfrage. *Pro Person 11 Euro, Info/Buchung Tel. 34 77 98 23 56, www.renaioli.it*

Der mit Juwelierläden bestückte Ponte Vecchio glänzt auch nachts

THEATER

Florenz ist die Stadt Italiens, in der am meisten für Theaterbesuche ausgegeben wird. Neben den traditionellen Theatern haben sich viele kleinere Bühnen formiert, die vom Kammertheater über Experimentelles bis zu Performances alles bieten. Im Sommer wird in Gärten und Höfen der Paläste und Klöster gespielt. Beeindruckend sind die Ballett- und Theateraufführungen des *Florence Dance Festival* und der *Estate Fiesolana,* die meist im ★ *Teatro Romano in Fiesole* stattfinden. Das Programm finden Sie in den Tageszeitungen »La Nazione« *(www.lanazione.it)* und »La Repubblica«*(www.repubblica.it).*

Circo-lo Teatro del Sale [118 C1]

Neu in Florenz und faszinierend: Im ehemaligen Salzlager wird gegessen, anschließend geht's weiter zu stetig wechselnden Vorführungen ins angeschlossene Theater. Auch Bar/Restaurant *(Di–Sa 9–24 Uhr).* Auf Clubbasis mit minimalem Beitrag. *Via dei Macci, 111r, Tel. 05 52 00 14 92, www.teatrodelsale.com*

Ex-Stazione Leopolda [112 B3]

Theater- und Ausstellungsräume im ehemaligen Bahnhofsgebäude. *Viale Fratelli Rosselli, 5*

Teatro della Limonaia [0]

Bekannt avantgardistisches Theater. *Firenze-Sesto Fiorentino, Via Gramsci, 426, Tel. 055 44 08 52, www. teatrodellalimonaia.it*

Teatro Puccini [0]

Satirisches Kabarett. *Piazza Puccini, Via delle Cascine, 41, Tel. 05 54 22 03 61, www.teatropuccini.it*

Teatro di Rifredi [0]

Musicals, Experimentiertheater. *Via V. Emanuele II, 303, Tel. 05 54 22 03 61, www.toscanateatro.it*

Florenz liegt Ihnen zu Füßen

Die Spaziergänge sind in der Karte auf dem hinteren Umschlag und im Cityatlas ab Seite 110 grün markiert

1 VON SANTA MARIA NOVELLA ÜBER DIE SÜDLICHEN HÖHEN

Erleben Sie die Stadt auf die geruhsame Art: mit dem Bus. Mit einem biglietto 24 ore für 4 Euro, das Sie in einer Bar oder am Kiosk erhalten und dann im Bus abstempeln, können Sie 24 Stunden kreuz und quer durch die Stadt fahren. Die reine Fahrzeit der Tour beträgt rund 60 Minuten, doch planen Sie mit den Unterbrechungen einen halben Tag ein.

Beginn der Buslinie 12 ist die Piazza S. M. Novella **[113 E5]**. Wenn Sie die Fahrt zwischen 9 und 10 Uhr starten, sind Sie sicher, einen Sitzplatz zu bekommen. Die Busse verkehren im 20-Minuten-Rhythmus und durchfahren zunächst die *Via dei Fossi* mit ihren Antiquitätengeschäften, ehe sie kurz vor dem Fluss in den *Borgo Ognissanti* einbiegen, vorbei an der gleichnamigen Kirche *(S. 26)* rechts und an der zum Arno offenen Piazza links.

Zu Fuß lässt sich die Stadt am besten erkunden

Geradeaus wird die mächtige *Porta al Prato* sichtbar. Rechts die *Ex-Stazione Leopolda,* der erste Bahnhof von Florenz. Dann kommt der Eingang zu den *Cascine (S. 35).* Im ausgedehnten Stadtpark mit Pferderennbahn und anderen Sportstätten findet am Dienstagvormittag der große Wochenmarkt statt. 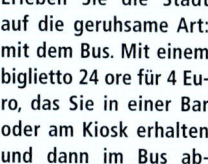 Während der Bus den Fluss überquert, hat man einen herrlichen Blick arnoaufwärts. Nach einigen Kehren wird links die Stadtmauer sichtbar, die das alte Handwerkerviertel *San Frediano* umschließt und bei der schönen *Porta Romana* endet.

Wer gerne zu Fuß geht, sollte den baumgesäumten, verkehrsarmen *Viale Niccolò Machiavelli* von hier aus hügelaufwärts spazieren. In rund 25 Minuten mit Ausblicken auf Villen, Gärten und zuletzt über die ganze Stadt kommen Sie zum *Piazzale Galilei,* und nach weiteren fünf Minuten erreichen Sie das *Châlet Fontana,* heute Barcafé. Der Bus legt dieselbe Strecke in drei Minuten zurück und hält hier.

Jetzt bieten sich drei Möglichkeiten: Sie können die Straße überqueren und sich auf den knapp halbstündigen Weg durch die von Villen und Gärten gesäumte *Via di*

Einen traumhaften Blick über die Stadt bietet der Piazzale Michelangelo

S. Leonardo machen, vorbei am *Forte di Belvedere (S. 22)* (vorher informieren, ob nicht gerade eine Ausstellung stattfindet), durch die schöne kleine *Porta S. Giorgio* und die steile *Costa S. Giorgio* hinab zur *Piazza S. Maria Sopr'Arno* beim Ponte Vecchio. Oder Sie gehen noch etwa 1 km weiter die ❀ Höhenstraße entlang, mit wechselndem Blick auf das *Forte di Belvedere*, die vom Arno durchflossene Stadt und die dahinter ansteigenden Höhen von San Domenico und Fiesole, bis auf der Höhe rechts die Marmorfassade von *San Miniato al Monte (S. 28)* auftaucht und zumindest einen Blick in diese schöne Kirche unumgänglich macht, ehe Sie die letzten Meter zum ❀ *Piazzale Michelangelo (S. 20)* zurücklegen. Die dritte Möglichkeit ist, am *Châlet Fontana* wieder den Bus 12 zu besteigen und das atemberaubende Panorama sitzend an sich vorbeiziehen zu lassen. Ganz Florenz mit seinen Kirchen und Palästen liegt Ihnen buchstäblich zu Füßen! Die Busse halten auf dem *Piazzale Michelangelo* fünf bis zehn Minuten; auch wenn Sie gleich weiterfahren wollen, reicht es also auf jeden Fall für ein ==Panoramafoto==. Anschließend fahren Sie den *Viale Michelangelo* hinab, den *Lungarno Serristori* entlang und vorbei an der *Porta S. Niccolò*. Kurz bevor der Bus den *Ponte alle Grazie (S. 21)* überquert, verlassen Sie ihn.

Zu Fuß geht es nun etwa 150 m am Flussufer entlang Richtung Ponte Vecchio. Links befindet sich eine Grünanlage, hinter der sich die kleine *Chiesa Evangelica Luterana* versteckt. Ende des 19. Jhs. erbaute man sie für die evangelische Gemeinde, und zu ihrer Einweihung war sogar Kaiser Wilhelm II. anwesend *(Gottesdienst sonntags 10 Uhr)*. Wenige Meter weiter an der *Piazza S. Maria Sopr'Arno* liegt direkt am Fluss das *Ristorante Alfredo (Mo–Sa, Tel. 055 28 38 08, €€)*.

Entweder machen Sie nun einen kleinen Bummel über den *Ponte Vecchio (S. 22)* gleich um die Ecke und wieder zurück, oder Sie besteigen an der kleinen Piazza den Elektrobus C. Er fährt alle 10 Minuten. Die wendigen Kleinbusse wurden extra für die engen Gassen von Florenz konstruiert, in die Sie nun eintauchen können. Hier liegt das alte Viertel *Santa Croce,* das Florenz der Handwerker und armen Leute, das bis vor wenigen Jahren auch die Stadtgefängnisse beherbergte. Vorbei an der *Biblioteca Nazionale* gelangt man auf die *Piazza S. Croce* mit der gleichnamigen Kirche *(S. 29).* Durch schmale Gassen erreichen Sie die *Piazza dei Ciompi* mit der *Loggia del Pesce (S. 33)* und den Buden des Flohmarktes *(Mo–Sa 9–13 und 16–19 Uhr).* Knapp 50 m weiter hält der Bus vor der Kirche *Sant'Ambrogio.* Wenn Sie hier aussteigen, können Sie nicht nur einen Blick auf den volkstümlichen Markt *(Mo–Sa 7–14 Uhr)* werfen, es sind auch nur wenige Schritte zum Restaurant-Trattoria-Café-Ensemble *Il Cibreo (S. 53),* wo man im Sommer das Treiben auch im Freien beobachten kann.

Wieder im Elektrobus C, verändert sich die Szenerie rasch. Mit der baumbestandenen *Piazza D'Azeglio* beginnt das Universitätsviertel. Der Bus durchfährt die Via Colonna (rechts liegt das *Museo Archeologico (S. 43)* mit seinem artenreichen Garten), ehe er auf die *Piazza della SS. Annunziata (S. 37)* kommt.

Weiter geht es zur *Piazza S. Marco.* Obwohl begrünt und mit Bänken versehen, ist der Platz leider so vom Verkehr umtost, dass sich nur noch die Studenten mit ihren *motorini* hier versammeln. Beherrscht wird die Piazza von der *Kirche San Marco* und dem dazugehörigen Kloster mit den Werken Fra Angelicos *(S. 45).* An der Piazza haben sich einige gute und preiswerte Pizzerien und Bars angesiedelt, in denen Sie kleine Gerichte bekommen. Und im traditionsreichen *Café San Marco* verwöhnt man Sie mit Süßem. Gestärkt geht es die Via Ricasoli domwärts vorbei an der Säulenhalle der *Accademia di Belle Arti* zum Eingang der *Galleria dell'Accademia (S. 42),* in der Sie zum Abschluss vielleicht noch einige Originalskulpturen von Michelangelo betrachten wollen.

2 SAN DOMENICO UND FIESOLE

Per Bus kommen Sie bequem nach Fiesole. Auch für diesen Ausflug kaufen Sie sich am besten für 4 Euro ein biglietto 24 ore in einer Bar oder am Kiosk. So können Sie zwischendurch überall aussteigen. Wenn Sie ganz sicher gehen wollen, einen Sitzplatz zu ergattern, sollten Sie den Bus 7 an der Endstation an der Verkehrsinsel neben dem Hauptbahnhof S. Maria Novella besteigen. Sie können jedoch auch an der Piazza S. Marco zusteigen. Die reine Fahrzeit nach Fiesole beträgt etwa 30 Minuten. Für Besichtigungen sollten Sie 1 bis 3 Stunden einplanen.

Nach kurzer Fahrt durch die bürgerliche Vorstadt beginnt die von Villen, Gärten und Olivenhainen gesäumte Straße anzusteigen. Auf halber Höhe erreicht man den Ort

San Domenico, eine Ansammlung von Häusern – darunter eine sehr gute Pizzeria – um die Klosterkirche *San Domenico* aus dem Anfang des 15. Jhs. (im 17. Jh. verändert). Kurz ausgestiegen, führt gegenüber der Kirche die *Via di Badia,* eine schmale, steile Straße, hinab ins Tal des Mugnone. Nach wenigen Metern liegt links die *Badia Fiesolana,* eine beeindruckende romanische Kirche, die bis 1026 der Dom von Fiesole war. Heute ist hier die *Europa-Universität* untergebracht. Im Sommer werden im Klosterhof öffentliche Konzerte veranstaltet.

Die ⚜ Panoramastraße steigt weiter an, und der Blick weitet sich über die Stadt bis zu den Hügeln des Chianti im Süden und zum Höhenzug des Pratomagno im Osten (besonders im Frühjahr, wenn auf dessen Kuppen manchmal noch Schnee liegt, ein atemberaubender Anblick). Nach der engen Haarnadelkurve ist rechts oben am Hang die Loggia des Hotels ⚜ *Villa San Michele (S. 74)* sichtbar. An dem Entwurf dieses einstigen Klosters war Michelangelo beteiligt. Der Blick ist unbezahlbar, das Hotel leider auch. Nach der letzten Kurve kommt der Bus auf der Piazza von *Fiesole* zum Stehen.

Unübersehbar auf diesem Platz ist der mächtige *Duomo San Romolo* (erbaut 1028, vergrößert 1256) und das stattliche *Priesterseminar* im Nordwesten. Der *Palazzo Vescovile* (erzbischöflicher Palast) mit seiner schönen Freitreppe und den hier so ungewöhnlichen Palmen scheint geradezu in die Ecke gedrückt. Zwischen Priesterseminar und erzbischöflichem Palast führt eine kleine, steile Straße hinauf zum Kloster ⚜ *San Francesco* (1330). An diesem mit 345 m höchsten Punkt erhob sich schon zu Zeiten der Etrusker und auch zu römischen Zeiten eine Akropolis. Der ==Blick nach Westen, das Tal des Arno entlang und über die Hügelketten== im Süden von Florenz, ist die kleine Mühe des Anstiegs wert!

Zurück auf der *Piazza Mino da Fiesole* können Sie sich von der Anstrengung in einem der zahlreichen Restaurants erholen (empfehlenswert das *Ristorante Mario* mit hübschem Innenhof und Garten, *Mi–Mo, €€*). Boutiquen, Geschäfte mit schöner Keramik, Lebensmitteln und Schuhen ziehen sich die Piazza hinauf. Eine Rarität ist der winzige *Barbiersalon* von Lino: Dort können Sie sich wie in alten Zeiten nass rasieren lassen, für nur 5 Euro! Auf der höchsten Stelle des Platzes steht das wappengeschmückte Rathaus, daneben die kleine Kirche *Santa Maria Primerana* aus dem 16. Jh., davor ein Reiterdoppelstandbild mit Vittorio Emanuele II. und Garibaldi.

An der Apsis des Doms vorbei erreichen Sie die schön gelegene *Zona Archeologica.* Auf 30 000 m² wurden bedeutende Zeugnisse aus etruskischer und römischer Zeit freigelegt, darunter Tempel- und Thermenanlagen. Das großartige Amphitheater, das *Teatro Romano,* das früher 3000 Personen Platz bot, ist noch heute ein bevorzugter Ort für die ==sommerlichen Theater- und Ballettaufführungen der *Estate Fiesolana.*== Sehenswert sind auch im dazugehörigen Museum die in diesem Gebiet gemachten Funde (*Zona Archeologica und Museo Archeologico tgl. 9.30–19, Okt.–März bis 18 Uhr und Di geschl., Eintritt 6,50 Euro).*

Fiesole: römisches Amphitheater mit weitem Blick ins Tal des Mugnone

Gegenüber vom Eingang, direkt hinter dem Dom, liegt das *Museo Bandini* mit einer kleinen, aber guten Sammlung von Werken Florentiner Künstler des 13.–15. Jhs. *(Zeiten wie Archäologisches Museum, Sammelticket).*

Liebhaber modernerer Kunst sollten noch hundert Meter die *Via Giovanni Dupré* abwärts zum *Museo Fondazione Primo Conti* (ausgeschildert) gehen: In einer zauberhaften kleinen Villa wurde hier eine sehr umfangreiche Sammlung italienischer Futuristen untergebracht *(Sept.–Juli Mo–Fr 9–13 Uhr; Eintritt 3 Euro).*

3 VIA GIOBERTI – EINE GANZ NORMALE EINKAUFSSTRASSE

 Die Via Gioberti, auch »die Straße der Hundert Läden« genannt, lädt – mal ganz ohne Touristenrummel – zum Shoppen ein. Zu Fuß oder mit dem Elektrobus A **begibt man sich am besten zur Piazza Beccaria [115 E–F6] und geht dann die Straße stadtauswärts.**

Hier findet man wirklich alles – von eleganten Boutiquen und Juwelieren über Antiquitätenläden und Buchhandlungen bis zum Bäcker, Schlachter, Feinkostladen und Fischhändler. Dazwischen gibt es Bars, Trattorien und an der *Piazza Beccaria,* von der die Via Gioberti abgeht, eine hervorragende Konditorei, das *Dolce e Dolcezza* sowie das *Antico Beccaria (S. 56).* Die Via Gioberti ist keine Touristenmeile, sondern eine schöne, ganz normale Straße, in der ganz normale Florentiner ihre Einkäufe machen – zu ganz normalen Preisen.

Zurück können Sie in entgegengesetzter Richtung zu Fuß über den *Borgo la Croce,* ebenfalls mit hübschen Geschäften, vorbei am *Mercato Sant'Ambrogio* und dem *Mercato delle Pulci (S. 65),* einem Trödlermarkt auf der *Piazza dei Ciompi,* ins Zentrum spazieren.

Vor den Toren der Stadt

Die Umgebung von Florenz lockt mit Genüssen für den Geist und die Sinne

DIE TRÜFFELTOUR NACH SAN MINIATO

Der Geruch kann süchtig machen, der Preis arm. Wer dem Trüffelfieber ausgesetzt ist, erliegt ihm. Die königliche Knolle findet günstige Wachstumsbedingungen vornehmlich in der Gegend um San Miniato. Sie sollten die Gelegenheit beim Schopf packen. Warum eigentlich immer in Florenz essen? Am besten nimmt man den Zug Richtung Pisa: eine halbe Stunde Fahrt, Fahrpreis hin und zurück unter 6 Euro, letzte Verbindung nach Florenz 23 Uhr.

Trüffelsaison ist von November bis Februar. In dieser Zeit scheint der unvergleichliche Duft in allen Ecken und Winkeln des kleinen Städtchens *San Miniato* **[120 B4]** zu liegen, er zieht in die vielen Läden, wo die kostbaren Knollen auf Reiskörnern in Weidenkörbchen ruhen. Und er lockt in Trattorien und Restaurants. Während der Saison wird alles getrüffelt: Üppig wird die Knolle über Rührei oder mit Butter

Urwüchsige Natur bei Gaiole in Chianti

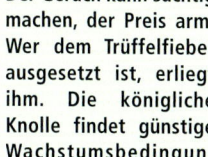

beträufelte Bandnudeln gehobelt, dünn über saftig gegrillte Filets. Selbst die Scheiben frischen Schafskäses verschwinden unter den duftenden Spänen. An den letzten drei Wochenenden im November findet der *Mercato del Tartufo*, einer der bekanntesten Trüffelmärkte Italiens, auf der zentralen *Piazza del Popolo* statt. Dann gibt es frische Trüffeln, aber auch Trüffelnudeln, Trüffelkäse, Trüffelpaste und vieles mehr. Alles kann man das ganze Jahr hindurch auch in den Läden kaufen – nur die frischen Knollen, die gibt's ausschließlich im Winter.

San Miniato, wie es da trutzig mit seinen Türmen über dem Tal des Arno thront, ist nicht nur ein besonders hübsches Städtchen, sondern auch eines der ältesten der Region. Während des Mittelalters war es aufgrund seiner strategischen Lage ein wichtiger Stützpunkt in der Toskana. Die gepflasterten Straßen und Gassen schlängeln sich über drei Höhenrücken, sie fallen ab in Senken und steigen wieder an, die Ausblicke ändern sich ständig. Mal blickt man weit über das Tal des Arno, mal gen Süden über ausgedehnte Olivenhaine. Von der *Piazza della Repubblica* mit dem ausladenden Seminargebäude und dem

Palazzo Vescovile, in dessen Erdgeschoss seit dem 13. Jh. Läden untergebracht sind, steigt man hinauf zu einem baumbestandenen Platz, der vom *Duomo* mit der mächtigen *Torre di Matilde*, einem Teil der urprünglichen Burganlage, und dem alten Palast der kaiserlichen Statthalter *(Palazzo dei Vicari dell'Imperatore)* aus dem 12. Jh. eingerahmt ist. Wer hinter dem Dom hinauf zur ◀▮▶ *Rocca*, zu den Resten der Trutzburg Friedrichs II., steigt, <mark>wird mit einem Blick belohnt, der an klaren Tagen von Fiesole über Florenz bis zum Meer reicht!</mark> Und auch die Kirchen *San Domenico* und *San Francesco* mit ihren reichen Kunstschätzen lohnen einen Besuch.

Wenn sich der Hunger meldet, schlendern Sie hinab ins <mark>*Ristorante Il Convio*</mark> in San Maiano am Fuß des Hügels, etwa 1,5 km vom Zentrum über einen Fussweg erreichbar (fragen!). In einem sehr geschmackvoll ausgebauten bäuerlichen Gehöft sitzt man unter der Pergola oder in den gemütlichen Innenräumen und isst vorzüglich. Genießen Sie dazu eine Flasche des lokalen *Miniatense Oppidum* – er ist auf derselben Erde wie die Trüffeln gewachsen und scheint eine Symbiose mit ihnen eingegangen zu sein *(Do–Di, Tel. 05 71 40 81 14, €€–€€€)*.

Falls Sie in San Miniato übernachten wollen: Im ◀▮▶ *Albergo Miravalle*, eingebaut in die alte Kaiserfeste und mit einer atemberaubenden Aussicht, wurde schon manche Trüffeltour wohlig beendet *(18 Zi., Piazzetta del Castello, 3, Tel. 05 71 41 80 75, Fax 05 71 40 19 68, www.albergomiravalle. com, €)*.

MEDICI-VILLEN

Besonders an schönen Tagen sollten Sie sich den Besuch der berühmten Medici-Villen mit ihren noblen Parks nicht entgehen lassen. Sie liegen alle nahe bei Florenz und sind mit Bus oder Auto in max. 40 Minuten zu erreichen.

Im 15. Jh. hatte der Baumeister und Philosoph Leon Battista Alberti die Vorzüge des Landlebens entdeckt und in einer damals revolutionären Schrift publik gemacht – was lag also näher, als aus der engen Stadt mit ihren feuchten und düsteren Palästen in die Weite der Umgebung zu flüchten und dort Landhäuser zu errichten? Die Medici taten es. Aber sie bauten keine Landhäuser, sondern ließen durch die besten Baumeister jener Zeit prachtvolle Villen errichten, umgeben von herrlichen Gartenanlagen und Wäldern, in denen große Jagden veranstaltet wurden. Die Wälder sind inzwischen längst abgeholzt, Weiden und Wiesen mussten Wohngebieten und Fabriken weichen, aber an den Villen selbst und an den meisten Parks scheinen die Jahrhunderte fast spurlos vorbeigegangen zu sein.

Zu den Villen in *Castello* **[121 D2]** gelangen Sie von der Bahnhof-Südseite (Via Alamanni **[113 D4]**) mit Bus 28, Fahrzeit etwa 20 Min. Die Busse halten am Eingang zur *Villa La Petraia*, die ein schöner, von Tribolo gestalteter Park umgibt. Wollen Sie auch den mit Brunnen, Grotten und Statuen ausgestatteten *Park der Villa di Castello* besuchen, müssen Sie sich von hier auf einen viertelstündigen Spaziergang machen (ausgeschildert). *Villa La Pet-*

Erbaut für Lorenzo il Magnifico: Villa Medicea in Poggio a Caiano

raia Nov.–Feb. 9–16.30, März 9–17.30, April/Mai und Sept./Okt. 9–18.30, Juni–Aug. 9–19.30 Uhr, Kassenschluss eine Stunde früher, 2. und 3. Mo im Monat geschl., Eintritt 2 Euro; Park Villa di Castello tgl. 9–16.30, Juni–Aug. bis 19.30 Uhr, Eintritt 2 Euro

Etwas umständlicher ist es, zur *Villa Medicea a Poggio a Caiano* und zur *Villa La Ferdinanda* in Artimino per Bus zu gelangen. Mit COPIT fahren Sie von der Via Nazionale **[113 E4]** am Bahnhofsvorplatz über die SS 66 Richtung Pistoia in 20 Min. nach Poggio a Caiano. Nach Artimino steigen Sie hier in den CAP-Bus Richtung Carmignano um. Dieselbe Straße können Sie auch mit dem Auto fahren – die Strecke von Florenz beträgt knapp 20 km und führt mitten durch mehrere Dörfer.

Die *Villa Medicea a Poggio a Caiano* **[120 B2]**, wegen ihres bernsteinfarbenen Verputzes auch *Villa Ambra* genannt, ist eindeutig die schönste der Medici-Villen. Sie wurde 1480–85 von Giuliano di Sangallo für Lorenzo il Magnifico erbaut. Den großen Salon ließ der spätere Medici-Papst Leo X. ganz mit Fresken bedeutender Manieristen ausmalen, die restlichen Räume besitzen die Originalausstattung von König Vittorio Emanuele II., der hier Ende des 19. Jhs. wohnte. Umgeben ist die Villa von einem prachtvollen großen Park. *Villa Mo–Sa 9–13.30, So bis 12.30 Uhr; Park Mai–Aug. tgl. 9–18.30, März/April und Sept./Okt. 9–17.30, Nov.–Feb. Mo–Sa 9–16.30, So bis 12.30 Uhr, Eintritt 2 Euro*

Wollen Sie per Bus weiter zu der hoch über dem Tal des Arno gelegenen Medici-Villa in *Artimino* **[120 C3]**, so nehmen Sie dorthin den Bus M. Mit dem Wagen fährt man Richtung *Carmignano* (berühmt für seinen Wein *Rosso di Carmignano!*) und biegt dann sofort links ab. Nach 3 km erreichen Sie *Comeana*, wo etruskische Ausgrabungen zu besichtigen sind (Hinweisschilder). Die Straße steigt anschließend durch Olivenhaine und Weinberge steil an, bis Sie plötzlich in Artimino links die imposante *Villa Medicea La Ferdinanda* liegen sehen. Ferdinand I. ließ sie 1594 von Buontalenti als Jagdvilla errichten. Nur der Garten, von dem man eine herrliche Sicht in die Umgebung hat, kann öffentlich besichtigt werden *(Villa nur nach Anmeldung: Tel., 05 58 71 80 72)*. Im ehemaligen Pagenhaus ist heute ein Hotel mit gutem Restaurant untergebracht. Vorzüglich isst man auch im nahen *Ristorante Da Delfina (Mi–Mo, Via della Chiesa, 1, Tel. 05 58 71 80 74, €€€)*.

LUST AUF OUTLET SHOPPING?

Mode aus der Toskana genießt Weltruf, vor allem Schuhe, Lederwaren und exklusive Gewebe. Man findet sie auf den berühmten Einkaufsstraßen der großen Städte in aller Welt. Nun haben einige dieser Hersteller auch ihre Fabriktore geöffnet – alle nahe Florenz.

Im Outlet von *Gaillardo* finden Sie fetzige, jugendliche Jacken und Mäntel aus Leder und modischen Materialien. Sie fahren am besten auf der A1 bis zur Ausfahrt Firenze-Signa **[121 D3]**, folgen von dort den Hinweisen nach *San Mauro a Signa* zu *Gaillardo (Via delle Croce, 2/A, Mo–Fr 17.30–19.30, Sa/So 9–12.30 und 15–19.30 Uhr, Tel. 05 58 73 90 94)*. Wenn Sie anschließend auf der S 325 nordwärts fahren, kommen Sie hinter Campi Bisenzio nach *Capalle* **[121 D2]** zu *Malo*, einem der bekanntesten Hersteller von Pullovern aus Cashmere, schöner Seiden- und Lederkleidung *(Via di Limite, 164, Di–So 10.30–19 Uhr, Tel. 05 58 73 19 90)*. Wenige Kilometer weiter nördlich, in *Calenzano* **[121 D2]** hat *Cecchi & Cecchi* ein Outlet eingerichtet. In den eleganten Räumen hängen, liegen und stapeln sich die schönsten Schals, Plaids und Decken aus Cashmere, Wolle, Seide und Leinen *(Via delle Calandre, 53, Mo–Fr 9 bis 12.30 und 13.30–18 Uhr, Sa nur nach Vereinbarung, Tel. 055 88 13 42 20, www.cecchicecchi.it)*. Sind Sie von klassisch-schönen Herrenschuhen »english style« begeistert, müssen Sie nun noch ein paar Kilometer auf der Schnellstraße Richtung Pisa bis Ausfahrt *S. Miniato Fucecchio* **[120 A3]** weiterfahren. Hier in *Fucecchio* verkauft der berühmte Hersteller *Harris* ab Fabrik *(Viale Colombo, 92, Mo–Fr 10 bis 12 und 14.30–19.30, Sa 9.45 bis 12.45 Uhr, Tel. 05 71 26 15 08, www.calzoleriaharris.com)*. Wenn Sie auch bei Harris einkaufen wollen, ist es am klügsten, diesen Shoppingbummel sozusagen »von hinten« aufzuziehen und gleich direkt nach Fucecchio zu fahren. Sie können dann um die verkehrsarme Mittagszeit den Heimweg antreten und sind zur Stoßzeit bereits wieder in den Vororten von Florenz.

DIE WEIN-TOUR

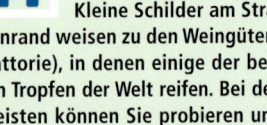

Quer durchs Chianti geht diese Tagestour zu Weinbergen, die von bewaldeten Hügeln eingebettet werden, gekrönt mit Schlössern und Villen. Kleine Schilder am Straßenrand weisen zu den Weingütern (fattorie), in denen einige der besten Tropfen der Welt reifen. Bei den meisten können Sie probieren und kaufen – aber nicht um die Mittagszeit und während der Weinlese!

Der Chianti wird in sechs Zonen kontrollierter Herkunft erzeugt. Der bekannteste ist der *Chianti Clas-*

sico mit dem schwarzen Hahn auf der Banderole. Eine Fahrt ins Chianti beginnen Sie an der *Porta Romana* [116 B5]. Über den Viale del Poggio Imperiale fahren Sie Richtung Impruneta nach *Greve* [121 E5] und damit direkt ins Herz des uralten Weinanbaugebiets. Oder aber Sie fahren auf der Via Senese zur 5 km entfernten *Certosa di Galluzzo* [121 D3], ein 1314 errichtetes Kartäuserkloster. Die Anlage mit Kreuzgängen, Bibliothek, Mönchszellen, unterirdischen Gängen und Kapellen ist ein architektonisches Kleinod, die manieristischen Fresken Pontormos und die Tafelbilder Andrea del Sartos in der Pinakothek lohnen schon allein einen Besuch. Gegen eine Spende führen Zisterziensermönche Sie durch die Anlage *(Di–So, 9–13.30 und 15–17.30 Uhr)*. Nun fahren Sie am besten auf der Superstrada Richtung Siena bis zur Ausfahrt S. Casciano Nord und von dort weiter bis *Greve in Chianti.*

In Greve liegt am Ende der von Bogengängen umgebenen Piazza (im *Verrocchio* isst man vorzüglich!)

die *Enoteca del Chianti Classico* mit einer riesigen Auswahl an Weinen der Gegend (in der dritten Septemberwoche findet hier die *Rassegna del Chianti Classico* statt). Weiter geht es nach *Panzano* mit seiner romanischen Kirche *San Leolino* (vom Vorplatz schöne Aussicht in die Umgebung!) und hinab nach *Radda in Chianti* [121 F6], dem ältesten Ort der Gegend. Hier sollten Sie aussteigen und einen kleinen Spaziergang durch das Städtchen machen. Weiter Richtung *Castellina* liegt rechts an der Straße die von März bis Oktober geöffnete *Taverna al Chiasso dei Portici*, in der Sie drinnen und draußen hübsch sitzen und gut essen *(Mi bis Mo, Tel. 05 77 73 87 74, €€)*. Am Ortseingang von Castellina sollten Sie scharf rechts abbiegen und über ein Hochplateau mit wunderbarer Aussicht nach *San Donato* und weiter auf der Superstrada nach Florenz zurückkehren. *Sita-Bus 62 tgl. ab 7 Uhr Richtung Strada-Greve-Panzano ab Via S. Caterina da Siena, 15r* [113 D4]

Südlich von Florenz wächst der Gallo Nero, der berühmteste Chianti Classico

Angesagt!

**Events, Meetings und Aktionen,
die Sie kennen und nicht verpassen sollten!**

Florence by bike

Radfahren ist angesagt, seitdem die Innenstadt von Florenz autofrei geworden ist. Aber beachten Sie: Es gibt fast keine Radwege. Und Busse und Taxis in den verkehrsberuhigten Straßen nehmen wenig Rücksicht auf Fahrradfahrer!

den – und begutachteten sich. Heute hat sich alles ein bisschen vermengt. Aber ob es sich wirklich geändert hat?

Happy hour

Immer mehr junge Leute treffen sich nach der Arbeit zur *happy hour* in der Innenstadt. Noch in ihrem eleganten Geschäftsdress stehen sie in Grüppchen in den Bars oder In-Lokalen des Zentrums, reden, nippen an ihren Cocktails – und verdrücken ganz nebenbei Unmengen der kleinen Häppchen, die zu dieser Stunde gratis angeboten werden. Manch einer spart sich so das Abendessen – denn das Businessoutfit von Armani bedeutet nicht unbedingt auch einen vollen Geldbeutel.

Lo Struscio

Fare lo struscio, wörtlich »umherstreichen«, nennt man das, was hunderte junger Menschen aus den Vorstädten dazu drängt, sich abends in den Straßen zwischen Dom und Piazza della Signoria scheinbar ziellos hin und her zu schieben. Sie bleiben vor einer Bar stehen, essen vielleicht eine Pizza aus der Hand oder ein Eis.
Aber das scheint alles nicht wichtig. Wichtig ist allein der *struscio*. Warum wohl? Zu Zeiten unserer Großeltern gingen die Mädchen auf der einen Straßenseite und die Jungen auf der gegenüberliegen-

Shoppen en gros

Florenz ist – nach Venedig – die teuerste Stadt Italiens. Keiner spürt das mehr als die Florentiner selbst. Die Preise sind teilweise horrend, aber keiner will darauf verzichten, sich modisch zu kleiden. Was bleibt, ist Shopping in Outlets, umliegenden Großmärkten oder direkt ab Fabrik. Die Textilstadt Prato (15 Min. Bahnfahrt) verschickt an Interessierte einen Prospekt *shopping in fabbrica* mit Adressen und detaillierten Hinweisen *(APT Prato, Tel. und Fax 057 42 41 12, apt@prato.turismo. toscana.it).*

Von Anreise bis Zoll

Hier finden Sie kurz gefasst die wichtigsten Adressen und Informationen für Ihre Florenzreise

ANREISE

Auto

Sie nehmen entweder die *Brennerautobahn E 45* (Brenner-Verona-Modena-Bologna), die *Gotthardautobahn E 35* (Lugano-Mailand-Bologna) oder die *E 43*, die durch Liechtenstein und den San-Bernardino-Tunnel nach Mailand und ebenfalls über Bologna nach Florenz führt. Verlassen Sie die Autobahn erst an der Ausfahrt *Firenze-Certosa*. Sie vermeiden so das Chaos der Vororte und fahren über den Piazzale Michelangelo (gut ausgeschildert, aber aufpassen!) hinab in die Stadt.

Flugzeug

Der *Aeroporto Amerigo Vespucci* liegt nur wenige Kilometer außerhalb der Stadt. Ein Airport-Shuttle bringt Sie 6–23.30 Uhr in 30 Min. zum Hauptbahnhof. Fahrpreis: 4 Euro. Im Taxi beträgt der Preis für eine Person je nach Tageszeit 15–18 Euro, plus 60 Cent pro Kofferraumgepäckstück. Günstig kommen Sie mit Billigfliegern nach Pisa zum *Aeroporto Galileo Galilei*. Von dort verkehren zum Florentiner Hauptbahnhof S. M. Novella Direktzüge in unregelmäßigen Abständen (Fahrzeit 80 Min., Preis 4,95 Euro). Kommen Sie sehr früh oder sehr spät an, ist es ratsam, Sie nehmen ein Taxi (5 Min. Fahrzeit) zum Bahnhof Pisa Centrale und fahren ab dort per Bahn nach Florenz. Wer von Pisa aus zurückfliegt, kann sein Gepäck (mind. 40 Min. vor Zugabfahrt!) direkt am Bahnhof S. M. Novella, Bahnsteig 5, einchecken.

Bahn

Die Anreise erfolgt über die Schweiz (Basel-Mailand) oder Österreich (München-Brenner). Die meisten Züge kommen auf dem Hauptbahnhof *S. M. Novella* im Zentrum an, einige halten jedoch auf dem Durchgangsbahnhof *Firenze Campo di Marte*. Ein Pendelzug bringt dann die Reisenden zum Hauptbahnhof.

AUSKUNFT VOR DER REISE

Staatliches Italienisches Fremdenverkehrsamt ENIT

Schriftliche Infos können Sie kostenlos bestellen unter Tel. 008 00 00 48 25 42
– Karl-Liebknecht-Str. 34, 10178 Berlin, enit.berlin@t-online.de
* Kaiserstr. 65, 60329 Frankfurt am Main, enit.ffm@t-online.de*
– Goethestr. 20, 80336 München
– Kärntnerring 4, 1010 Wien, Tel. 01/505 16 39, Fax 01/505 02 48
– Uraniastr. 32, 8001 Zürich, Tel. 01/211 36 33, Fax 01/211 38 85, enit@bluewin.ch

AUSKUNFT IN FLORENZ

**APT Agenzia per
il Turismo Firenze**

Infobroschüren, Stadtpläne und Hotelreservierungen bei den Informationsstellen (*i*): *Mo–Sa 8.15–19.15 Uhr, Via Cavour, 1r* **[111 D1]**, *Tel. 055 29 08 32, Borgo Santa Croce, 29r* **[111 F6]**, *Tel. 05 52 34 04 44, Piazza della Stazione, 4, Tel. 055 21 22 45.* Schriftliche Anfragen: *Via Manzoni, 16, 50121 Firenze, Fax 05 52 34 62 86, www.firenzeturismo.it.* Für Studenten: *Student Point Firenze, Via S. Gallo, 25* **[114 B3]**, *Tel 055 26 72 01, Fax 055 22 26 13 68, www.studentpointfirenze.it*

Für Veranstaltungstipps gibt es die Gratishefte *Informacittà, Firenze dei Teatri* und *Turismo Notizie* bei den Informationsstellen (*i*) sowie *Firenze Spettacolo* (auch mit englischem Text, *www.firenzespettacolo.it*) für 1,55 Euro am Zeitungsstand. Alle zwei Monate liegt *Florence Concierge Information* kostenlos im Hotel, ebenso *Firenze oggi / Florence today.* Täglich aktuelle Infos bieten die Tageszeitungen *La Nazione* und *La Repubblica* im Teil *Firenze Spettacolo.*

AUTO

Die ganze Innenstadt ist verkehrsberuhigt. Auch an vielen Straßen der Außenbezirke dürfen nur Anwohner parken *(divieto di sosta e parcheggio per non residenti).* Dort werden Sie abgeschleppt und können nach Zahlung einer beträchtlichen Strafe am nächsten Tag ihren Wagen in der *Via dell'Arcovata 6, Tel. 055 30 82 49* **[U A3]** abholen. Hat Ihr Hotel keine Vertragsgarage, gibt es einen durchgehend geöffneten Parkplatz bei der *Porta Romana* **[116 B5]**. Eine große *Tiefgarage* liegt unter dem *Parterre* nahe der *Piazza della Libertà (Einfahrt Via Madonna della Tosse)* **[114 C1]** und eine weitere am *Hauptbahnhof, Einfahrt Via Alamanni* **[113 D4]**. Jede angebrochene Stunde kostet 1,50 Euro, 24 Std. 15 Euro.

Tankstellen liegen an den Ausfallstraßen *(wochentags 7.30–12.30 und 15(15.30)–19.30 Uhr geöffnet).* Selbstbedienung meist 24 Stunden. In Italien gibt es kein Normalbezin, nur Super und Diesel.

Mietwagen sollten Sie am besten schon von Deutschland aus reservieren. Fast alle großen Firmen haben

Qui Arte

Kunst an der Strippe

Wenn Sie auf erweiterte kunstgeschichtliche Erkundungstour gehen wollen, brauchen Sie sich nur nach einer Telefonzelle umzusehen. Der weiße Aufkleber mit orangefarbenem Balken »Qui Arte« zeigt, dass Sie gerettet sind. In vier Sprachen (Italienisch, Deutsch, Englisch und Französisch) werden Ihnen für 50 Cent vier Minuten lang 15 Sehenswürdigkeiten ausführlich beschrieben. Sie müssen nur eine Telefonkarte *(scheda telefonica)* einschieben, die Anweisungen befolgen, und schon geht's los.

Filialen in Florenz, so z.B. *Avis Auto-noleggio* [113 D5]*, Borgo Ognissan-ti, 128r, Tel. 05 52 39 88 26, www.avisautonoleggio.it.* Weitere Infos zu Mietwagen finden Sie unter *www.marcopolo.de.*

Pannenhilfe in ganz Italien: *Tel. 116.* ADAC/ACI, deutschsprachig: *Tel. 02 66 15 91*

BANKEN

Banken sind meist Mo–Fr 8.20 bis 13.20 und 14.45–15.45 Uhr geöff-net. Die meisten verfügen über Geld-automaten für Kredit- und EC-Kar-ten (Entnahme bis zu 250 Euro tgl.).

DIEBSTAHL

Der Diebstahl von Personalpapieren oder eines Fahrzeugs muss umge-hend der zuständigen Carabinieri-Wache oder bei deren Hauptsitz, *Borgo Ognissanti, 48, Tel. 05 52 48 11* [113 D6]*,* angezeigt werden.

DIPLOMATISCHE VERTRETUNGEN

Deutsches Honorarkonsulat [112 C5]
Mo–Fr 9.30–12.30 Uhr, Lungarno Vespucci, 30, Tel. 055 29 47 22, Fax 055 28 17 89

Österreichisches Honorarkonsulat [112 B5]
Mo–Fr 10–12 Uhr, Lungarno Ves-pucci, 58, Tel. 05 52 65 42 22, Fax 05 52 95 45

Schweizer Honorarkonsulat [U B6]
Do und Fr 16–17 Uhr, im Hotel Park Palace, Piazzale Galileo, 5, Tel. 055 22 24 34, Fax 055 22 05 17

Was kostet wie viel?

Espresso — **90 Cent** für eine Tasse Espresso in der Stehbar

Wein — **ab 2 Euro** für ein Glas Wein

Wasser — **50 Cent** für ein Glas am Tresen

Eis — **ab 1,70 Euro** für zwei Kugeln Eis

Snack — **ab 8 Euro** für eine Pizza im Lokal/ Mittagsteller in der Bar

Busfahrt — **1 Euro** für eine Busfahrkarte

FAHRRÄDER

Die Stadt stellt an mehreren Plät-zen kostenlos Räder (in beschränk-ter Anzahl) zur Verfügung. Wenn nicht gerade in Benutzung, finden Sie diese am Hauptbahnhof/Piazza della Stazione [113 E4], Mercato Centrale [113 F4], Piazza della Li-bertà [114 C1], Piazza S. Marco [114 B3], Piazza Strozzi [110 C4], Piazza Beccaria [119 D1], Piazza di Cestello [116 B1] und Porta al Prato [112 B3].

Florence by bike vermietet zehn verschiedene Radtypen stunden- und wochenweise. Preisbeispiel: Für 24 Std. Mountainbike zahlen Sie 19 Euro, für einen Scooter für 2 Per-sonen 65 Euro, Versicherung inklu-sive. *April–Okt. tgl. 9–19.30 Uhr, Via San Zanobi, 120r* [114 B2]*, Tel. und Fax 055 48 89 92, www.florenceby bike.it*

Apotheken

Tag und Nacht geöffnet: *Farmacia Comunale No 13* im Hauptbahnhof *S. M. Novella* **[110 A1]**, *Farmacia Moltenni, Via Calzaiuoli, 7r* **[111 D4]** und *Farmacia all'Insegna del Moro, Piazza S. Giovanni, 20 r* **[111 D3]**.

Krankenhaus

Ambulante Behandlung rund um die Uhr beim *Pronto Soccorso* im *Ospedale di Careggi* **[U B1]** und im *Arcispedale S. Maria Nuova, Piazza S. Maria Nuova, 1* **[111 F2]**. Für Kinder: *Ospedale Meyer, Via Giordiano, 13* **[115 E1]**, *Tel. 05 55 66 21*.

INTERNET

www.firenze.net (offizielle Website der Stadt: Hotels, Essen, Sightseeing, Kultur, aktuelle Ausstellungen, in Italienisch und Englisch), *www.florentinermuseen.com* (Infos über alle Museen), *www.repubblica.firenze.it* (mit komplettem City-Guide, leider nur in Italienisch, unter *benzinometro* erfahren Sie, wo Benzin zurzeit am billigsten ist), *www.fionline.it* (Tipps für Shopping und Sightseeing in Florenz, in Italienisch und Englisch), *www.firenze.turismo.toscana.it* (vielseitige Infos über Florenz und die Toskana, in Italienisch und Englisch).

INTERNETCAFÉS

In Italien surft man noch nicht mit derselben Selbstverständlichkeit wie im Norden Europas. Aber fast täglich öffnen in der Stadt neue Internet Points. *Internet train* ist das größte Lokal im Zentrum mit rund 30 Computern, *Mo–Sa 15–24 Uhr, Via Guelfa, 24r* **[113 F3]**. Beliebt sind auch *Mondial Net, Mo–Sa 9.30–24 Uhr, Via dei Ginori, 59r* **[111 D1]**, *Net Bar, Mo–Sa 9.30–24 Uhr, Via dei Macci, 8r* **[115 D6]**, *Netik Internet Point Mo–Sa 9.30–24 Uhr, Via dell'Agnolo, 65r* **[118 B1]**.

Praktisch sind auch die Waschsalons mit Internetanschluss: in 55 Minuten waschen Sie 8 kg für 6 Euro, das Surfen kostet 50 Cent alle 10 Minuten. Geöffnet ist 8–22 Uhr an 365 Tagen im Jahr. *Via dei Servi, 105r* **[111 F1]**, *Via Nazionale, 129r* **[113 F3]**, *Via dei Serragli, 87r* **[116 C3]** *und Borgo S. Frediano, 39r* **[116 B1]**, *Via dell'Agnolo, 21r* **[118 C1]**.

NOTRUFE

Carabinieri, *Tel. 112*
Feuerwehr, *Tel. 115*
Polizei (Unfall), *Tel. 113*
Notarzt, *Tel. 118*

ÖFFENTLICHE VERKEHRSMITTEL

Fahrkarten kauft man in einer Bar (21–6 Uhr, auch beim Fahrer) und entwertet sie im Bus. Schwarzfahren wird mit 50 Euro bestraft! Kinder bis zu 1 m Körpergröße fahren gratis. Eine Fahrkarte mit 60 Min. Gültigkeit *(biglietto semplice)* kostet 1 Euro, ein Billett für vier Fahrten *(quattro corse)* 3,90 Euro, ein 24 Std. gültiges *biglietto 24 ore* 4 Euro und ein 7-Tage-Billett *(biglietto sette giorni)* 12 Euro. Die *carta arancio* (für 24 Euro erhältlich am Fahrkartenschalter im Bahnhof) hat sieben Tage Gültigkeit und berechtigt zur Benutzung aller Stadt- und Überlandbusse sowie der Züge innerhalb der Provinzen Florenz und Prato.

POST

In alle EU-Länder außerhalb Italiens beträgt das Porto für Briefe oder Postkarten 62 Cent. Briefmarken gibt es außer bei der Post *(Posta Centrale, Mo–Fr 8.15–19, Sa 8.15–12.30 Uhr, Via Pelliceria, 1* **[110 C4]***)* auch in Tabakläden, an Zeitungskiosken und in einigen Bars (Hinweisschild ist ein weißes »T« auf blauem Grund).

STADTRUNDFAHRTEN

Stadtrundfahrten werden organisiert von *Sita, Via S. Caterina di Siena, 15r* **[113 D4]**, *Tel. 055 21 93 83, Fax 055 21 45 37, centralsita@sita-on-line.it*

Stadtrundfahrten und Fahrten in die Umgebung veranstaltet *Universalturismo, Mo–Fr 9–12.30 und 15–19, Sa 9–12 Uhr, Via Cavour, 180r* **[114 C1]**, *Tel. 05 55 03 91, Fax 05 55 03 92 11, www.univer salturismo.com*

TAXI

Der Mindesttarif für ein am Stand bestiegenes Taxi ist 4,10 Euro, für ein telefonisch gerufenes Funktaxi 5,85 Euro. Ab 22 Uhr, an Sonn- und Feiertagen und für jedes im Kofferraum transportierte Gepäckstück wird ein Aufschlag berechnet. Allein fahrende Frauen erhalten nachts (22–6 Uhr) 10 Prozent Rabatt (nach *sconto* fragen!)

Funktaxis *(radiotaxi), Tel. 055 43 90 und 055 42 42,* Taxistände im Zentrum: *Hauptbahnhof* **[113 E4]**, *Piazza San Marco* **[114 B3]**, *Piazza della Libertà* **[114 C1]**, *Piazza Ferrucci* **[119 D4]** und *Porta Romana* **[116 B5]**

TELEFON & HANDY

Die Bezeichnung »Handy« kennt man in Italien nicht, hier wird es *cellulare* oder *telefonino* genannt. Der Empfang in Florenz ist gut. Für Auslandsgespräche im Festnetz benutzen Sie am besten eine *scheda telefonica internazionale*. Sie können damit von jeder Telefonsäule aus anrufen. Telefonkarten zu 7, 13, 25 und 50 Euro gibt es bei den Postämtern *Via Pellicceria* **[110 C4]**, *Via Pietrapiana* **[115 D6]** und beim Postamt *Via Brunelleschi* **[110 C3]** (nur vormittags). Telefonkarten zu 2,50 und 5 Euro *(scheda telefonica normale)* bekommt man auch in Bars. Achtung: Vor Benutzung müssen Sie die perforierte Ecke abreißen!

Vorwahl nach Italien: 0039. Innerhalb Italiens gibt es keine Ortsvorwahl mehr, die früheren Ortsvorwahlen wurden integriert. Deshalb müssen Sie vom Ausland aus die Null am Anfang der Rufnummer mitwählen. Von Italien nach Deutschland: 0049, nach Österreich: 0043, in die Schweiz: 0041 (Ortsvorwahl ohne 0). R-Gespräche unter *Tel. 800 17 24 90.*

TOILETTEN

In einer fremden Stadt sucht man sie oft vergebens, deshalb finden Sie die öffentlichen WCs (mit Wickeltisch etc.) im Cityatlas. Notfalls kann man auch die Toilette einer Bar benutzen (fragen Sie nach dem *bagno*). Dann erfordert es aber die Höflichkeit, auch ein Getränk zu bestellen!

ZOLL

Innerhalb der EU sind Waren für den persönlichen Bedarf (z. B. 800 Zigaretten, 90 l Wein, 10 l Spirituosen) zollfrei. Für Schweizer gelten wesentlich engere Freigrenzen, u. a. 200 Zigaretten, 2 l Wein, 1 l Spirituosen.

Wetter in Florenz

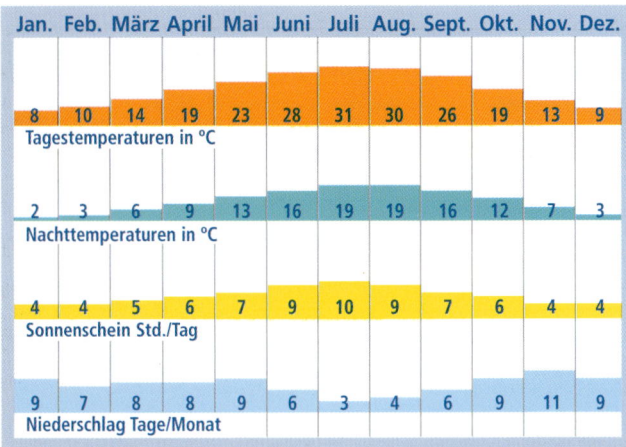

	Jan.	Feb.	März	April	Mai	Juni	Juli	Aug.	Sept.	Okt.	Nov.	Dez.
Tagestemperaturen in °C	8	10	14	19	23	28	31	30	26	19	13	9
Nachttemperaturen in °C	2	3	6	9	13	16	19	19	16	12	7	3
Sonnenschein Std./Tag	4	4	5	6	7	9	10	9	7	6	4	4
Niederschlag Tage/Monat	9	7	8	8	9	6	3	4	6	9	11	9

Parli italiano?

»Sprichst du Italienisch?«
Dieser Sprachführer hilft Ihnen, die wichtigsten
Wörter und Sätze auf Italienisch zu sagen

Zur Erleichterung der Aussprache:

c, cc	vor »e, i« wie deutsches »tsch« in deutsch, Bsp.: die**c**i, sonst wie »k«
ch, cch	wie deutsches »k«, Bsp.: pa**cch**i, **ch**e
ci, ce	wie deutsches »tsch«, Bsp.: **ci**ao, **ci**occolata
g, gg	vor »e, i« wie deutsches »dsch« in Dschungel, Bsp.: **g**ente
gl	ungefähr wie in »Familie«, Bsp.: fi**gl**io
gn	wie in »Kognak«, Bsp.: ba**gn**o
sc	vor »e, i« wie deutsches »sch«, Bsp.: u**sc**ita
sch	wie in »Skala«, Bsp.: I**sch**ia
sci	vor »a, o, u« wie deutsches »sch«, Bsp.: la**sci**are
z	immer stimmhaft wie »ds«

Ein Akzent steht im Italienischen nur, wenn die letzte Silbe betont wird.
In den übrigen Fällen haben wir die Betonung durch einen Punkt unter
dem betonten Vokal angegeben.

AUF EINEN BLICK

Ja./Nein.	Sì./No.
Vielleicht.	Forse.
Bitte./Danke.	Per favore./Grazie.
Gern geschehen.	Non c'è di che!
Entschuldigen Sie!	Scusi!
Wie bitte?	Come dice?
Ich verstehe Sie/dich nicht.	Non La/ti capisco.
Ich spreche nur wenig ...	Parlo solo un po´di ...
Können Sie mir bitte helfen?	Mi può aiutare, per favore?
Ich möchte ...	Vorrei ...
Haben Sie ...?	Ha ...?
Wie viel kostet es?	Quanto costa?
Wie viel Uhr ist es?	Che ore sono?/Che ora è?

KENNENLERNEN

Guten Morgen!/Tag!	Buon giorno!
Guten Abend!	Buona sera!

Gute Nacht!	Buona notte!
Hallo!/Grüß dich!	Ciao!
Wie geht es Ihnen/dir?	Come sta?/Come stai?
Danke. Und Ihnen/dir?	Bene, grazie. E Lei/tu?
Ich heiße…	Mi chiamo…
Auf Wiedersehen!	Arrivederci!
Tschüss!	Ciao!
Bis bald!	A presto!
Bis morgen!	A domani!

UNTERWEGS

Auskunft

links	a sinistra
rechts	a destra
geradeaus	diritto
nah	vicino
weit	lontano
Wie weit ist das?	Quanti chilometri sono?
Ich möchte … mieten.	Vorrei noleggiare …
… ein Auto …	… una macchina.
… ein Fahrrad …	… una bicicletta.
Bitte, wo ist …	Scusi, dov'è …
… der Bahnhof?	… la stazione?
… die Haltestelle?	… la fermata?
Eingang/Einstieg	salita/entrata
Ausgang/Ausstieg	discesa/uscita

Panne

Ich habe eine Panne.	Ho un guasto.
Würden Sie mir einen Abschleppwagen schicken?	Mi potrebbe mandare un carro-attrezzi?
Gibt es hier in der Nähe eine Werkstatt?	Scusi, c'è un'officina qui vicino?

Tankstelle

Wo ist bitte die nächste Tankstelle?	Dov'è la prossima stazione di servizio, per favore?
Ich möchte … Liter …	Vorrei … litri di …
… Normalbenzin.	… benzina normale.
… Super./… Diesel.	… super./… gasolio.
Voll tanken, bitte.	Il pieno, per favore.

Unfall

Hilfe!	Aiuto!
Achtung!/Vorsicht!	Attenzione!
Rufen Sie bitte schnell …	Chiami subito …

... einen Krankenwagen.
... die Polizei.
Haben Sie Verbandszeug?
Es war meine Schuld.
Es war Ihre Schuld.
Geben Sie mir bitte Ihren
Namen und Ihre Anschrift!

... un'autoambulanza.
... la polizia.
Ha materiale di pronto soccorso?
È stata colpa mia.
È stata colpa Sua.
Mi dia il Suo
nome e indirizzo, per favore!

ESSEN/UNTERHALTUNG

Wo gibt es hier ...
... ein gutes Restaurant?
... ein typisches Restaurant?
Gibt es in der Nähe
eine Eisdiele?
Reservieren Sie uns bitte
für heute Abend einen
Tisch für vier Personen.
Auf Ihr Wohl!
Bezahlen, bitte.
Hat es geschmeckt?
Das Essen war ausge-
zeichnet.
Haben Sie einen
Veranstaltungskalender?

Scusi, mi potrebbe indicare ...
... un buon ristorante?
... un locale tipico?
C'è una gelateria qui
vicino?
Può riservarci per stasera un
tavolo per quattro persone?

(Alla Sua) salute!
Il conto, per favore.
Andava bene?
(Il mangiare) era eccellente.

Ha un programma delle
manifestazioni?

EINKAUFEN

Wo finde ich ...
... eine Apotheke?
... eine Bäckerei?
... ein Fotogeschäft?
... ein Lebensmittelgeschäft?
... den Markt?
... einen Supermarkt?
... einen Tabakladen?
... einen Zeitungshändler?

Dove posso trovare ...
... una farmacia?
... un panificio?
... un negozio di articoli fotografici?
... un negozio di generi alimentari?
... il mercato?
... un supermercato?
... un tabaccaio?
... un giornalaio?

ÜBERNACHTEN

Können Sie mir bitte ...
empfehlen?
... ein Hotel ...
... eine Pension ...
Ich habe bei Ihnen ein
Zimmer reserviert.
Haben Sie noch ...

Scusi, potrebbe
consigliarmi ...
... un albergo?
... una pensione?
Ho prenotato
una camera.
È libera ...

... ein Einzelzimmer?   ... una singola?
... ein Zweibettzimmer?   ... una doppia?
... mit Dusche/Bad?   ... con doccia/bagno?
... für eine Nacht?   ... per una notte?
... für eine Woche?   ... per una settimana?
Was kostet das Zimmer ...   Quanto costa la camera ...
... mit Frühstück?   ... con la prima colazione?
... mit Halbpension?   ... a mezza pensione?

PRAKTISCHE INFORMATIONEN

Arzt

Können Sie mir einen   Mi può consigliare un
guten Arzt empfehlen?   buon medico?
Ich habe Durchfall.   Soffro di diarrea.
Ich habe ...   Ho ...
... Fieber.   ... la febbre.
... Kopfschmerzen.   ... mal di testa.
... Zahnschmerzen.   ... mal di denti.

Post

Was kostet ...   Quanto costa ...
... ein Brief ...   ... una lettera ...
... eine Postkarte ...   ... una cartolina ...
... nach Deutschland?   ... per la Germania?

ZAHLEN

0	zero	19	diciannove
1	uno	20	venti
2	due	21	ventuno
3	tre	30	trenta
4	quattro	40	quaranta
5	cinque	50	cinquanta
6	sei	60	sessanta
7	sette	70	settanta
8	otto	80	ottanta
9	nove	90	novanta
10	dieci	100	cento
11	undici	101	centouno
12	dodici	200	duecento
13	tredici	1000	mille
14	quattordici	2000	duemila
15	quindici	10000	diecimila
16	sedici		
17	diciassette	1/2	un mezzo
18	diciotto	1/4	un quarto

Cityatlas Florenz

Die Seiteneinteilung für den Cityatlas finden Sie auf dem hinteren Umschlag dieses Reiseführers

Mit freundlicher Unterstützung von

kein urlaub ohne

holiday autos

www.holidayautos.com

total relaxed in den urlaub: einsteiger-übung

1. lehnen sie sich entspannt zurück und gleiten sie in gedanken zu den cleveren angeboten von holiday autos. stellen sie sich vor, als weltgrösster vermittler von ferienmietwagen bietet ihnen holiday autos

   - mietwagen in über 80 urlaubsländern
   - zu äusserst attraktiven preisen

2. vergessen sie jetzt die üblichen zuschläge und überraschungen. dank

   - alles inklusive tarife
   - wegfall der selbstbeteiligung
   - und min. 1,5 mio € haftpflichtdeckungssumme (usa: 1,1 mio €)

   steht ihr endpreis bei holiday autos von anfang an fest.

3. nehmen sie ganz ruhig den hörer, wählen sie die telefonnummer **0180 5 17 91 91 (12cent/min)**, surfen sie zu **www.holidayautos.com** oder fragen sie in ihrem reisebüro nach den topangeboten von holiday autos!

kein urlaub ohne
holiday autos

KARTENLEGENDE CITYATLAS

——	Eisenbahn/Ferrovia Railway/Chemin de fer
◄◄◄	Einbahnstraße/Strada a senso unico One-way street/Rue à sens unique
/////	Fußgängerzone/Zona pedonale Pedestrian area/Zone pour piétons
▬	Öffentliches Gebäude/Edificio pubblico Public building/Bâtiment public
i	Informationsbüro/Ufficio d'informazione Tourist information/Syndicat d'initiative
P	Polizei/Polizia Police/Police
P	Parkplatz/Parcheggio Parking place/Parking
♥	Theater/Teatro Theatre/Théatre
✉	Post/Ufficio postale Post office/Bureau de poste
✚	Spital/Ospedale Hospital/Hôpital
TAXI	Taxi/Tassì Taxi/Taxi
▙	Kirche/Chiesa Church/Eglise
▲	Denkmal/Monumento Monument/Monument
✈	Flughafen/Aeroporto Airport/Aéroport
≋	Hallenbad/Piscina coperta Indoor swimming pool/Piscine couverte
⌒	Freibad/Bagno all'aperto Open-air swimmingpool/Piscine en plein air
▲	Campingplatz/Campeggio Campingsite/Terrain de camping
🐘	Zoo/Zoo Zoo/Jardin zoologique
▬▬	Spaziergänge/Passegiete urbane City walks/Promenades en ville

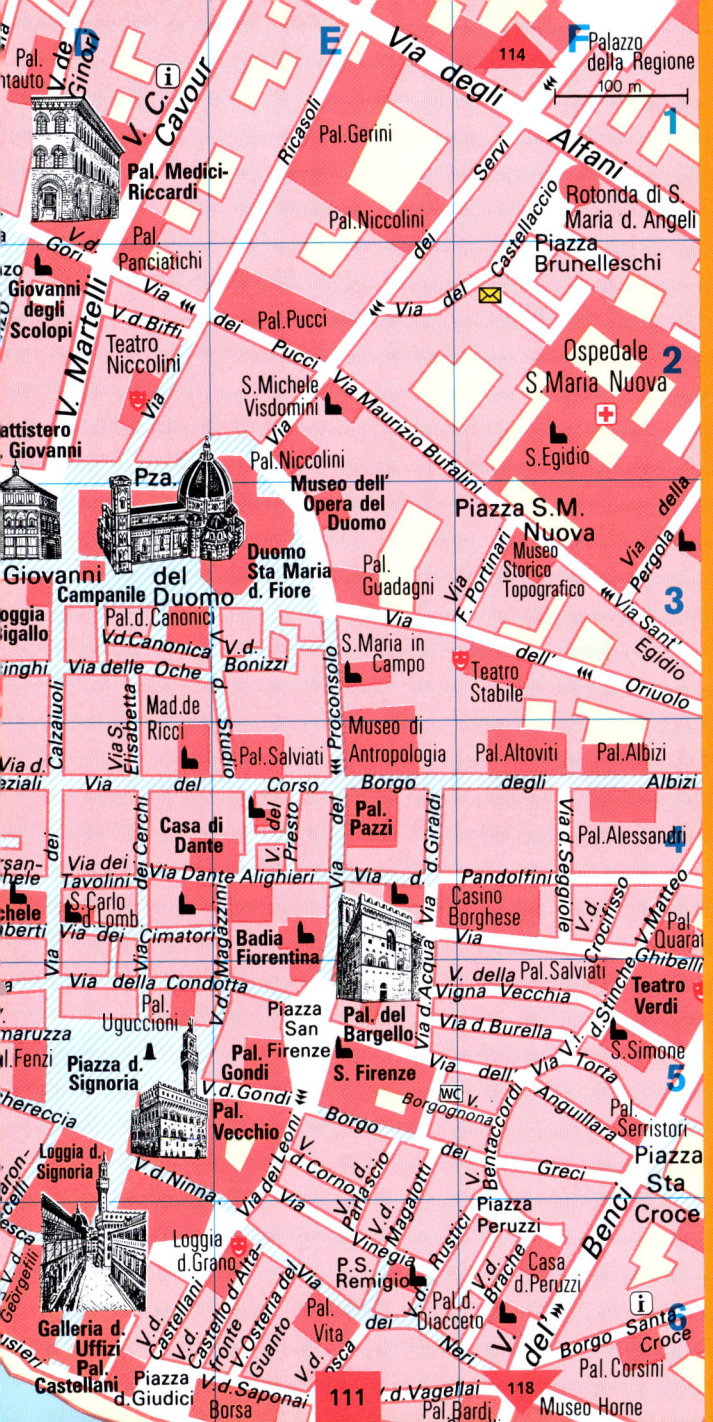

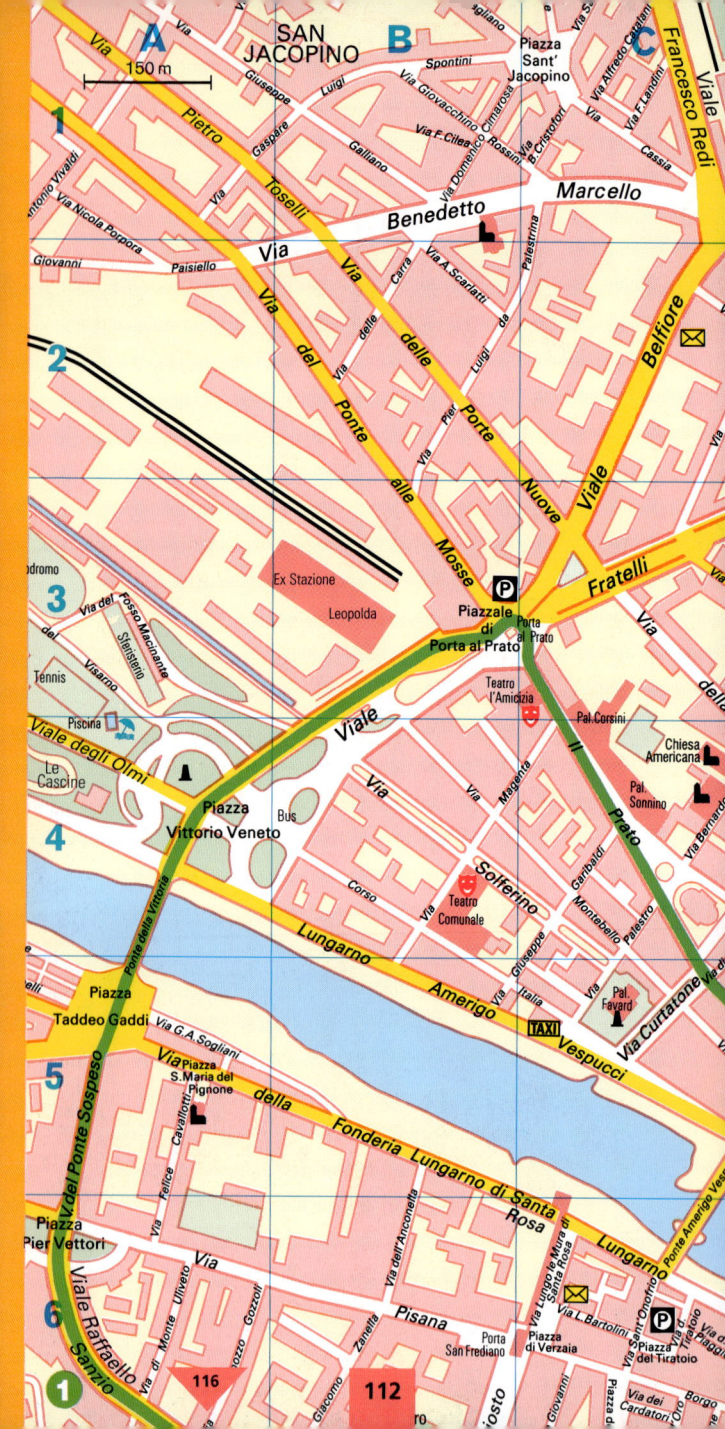

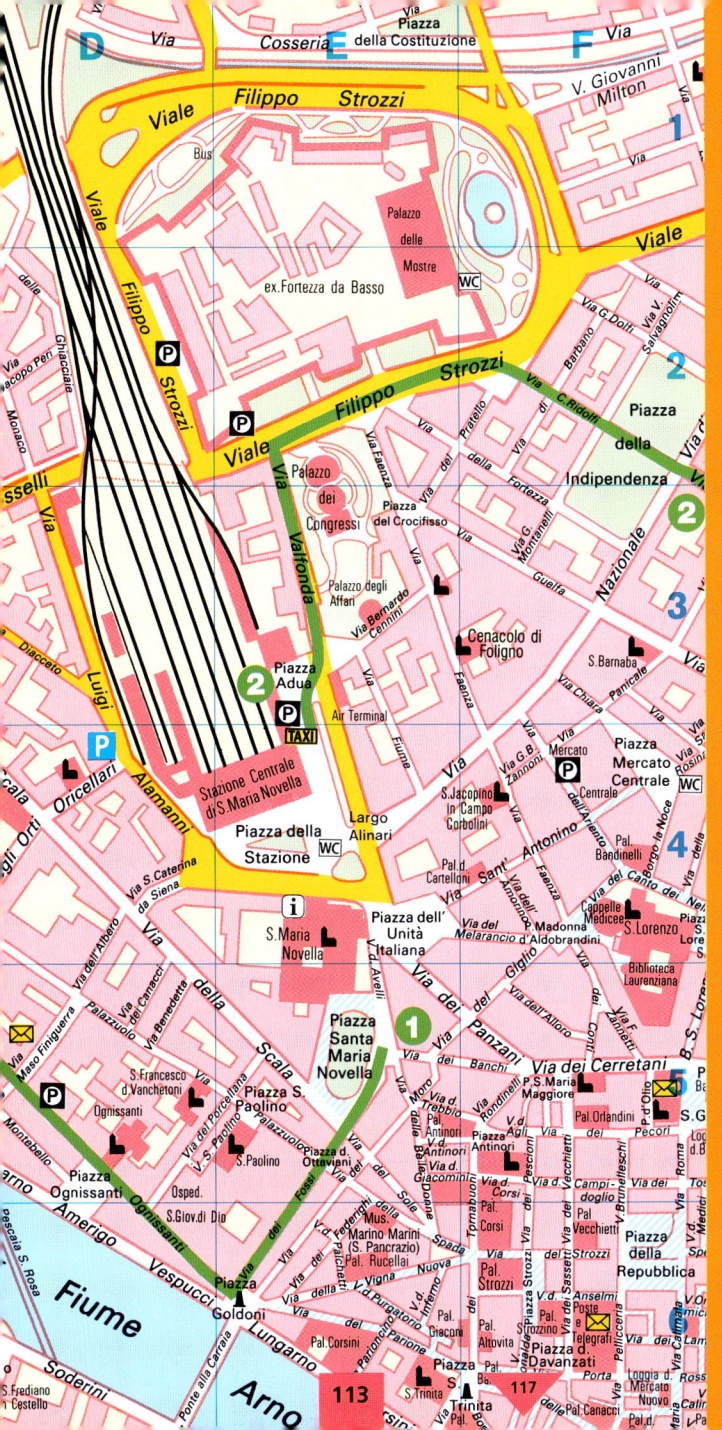

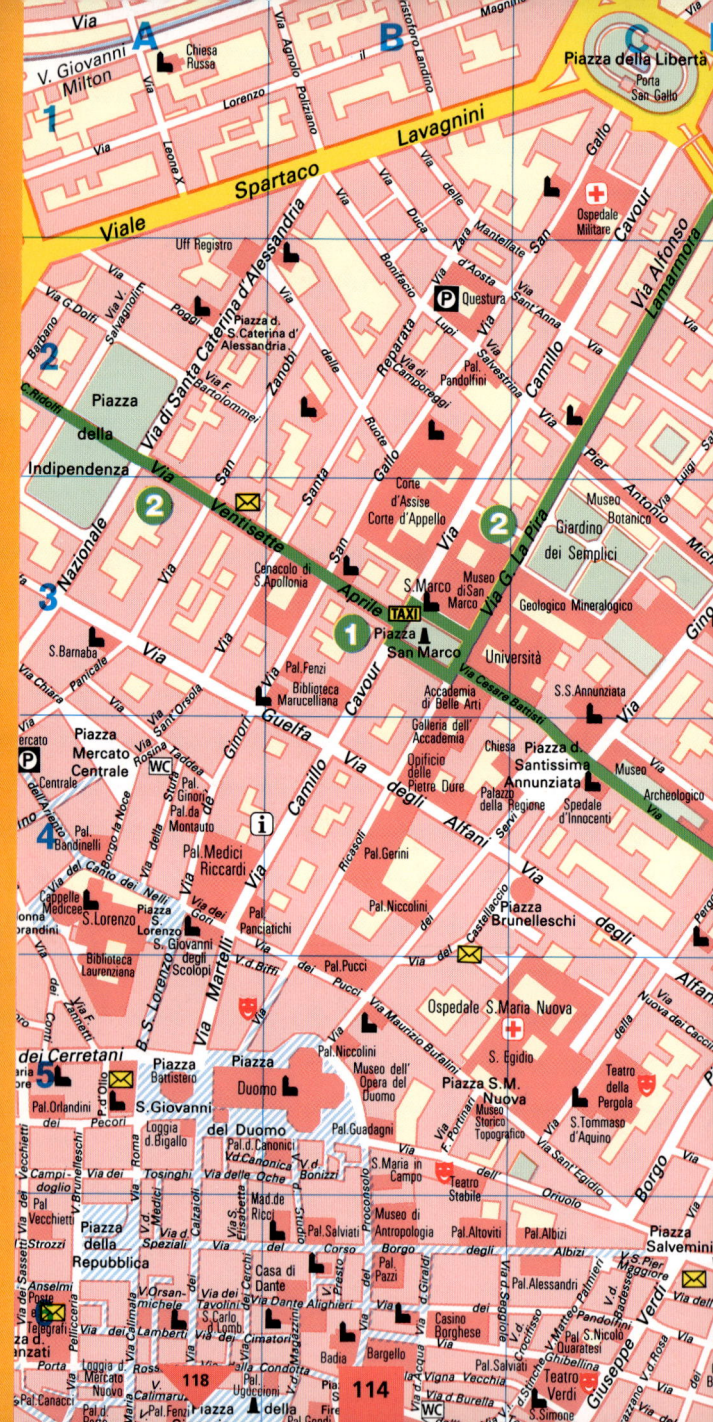

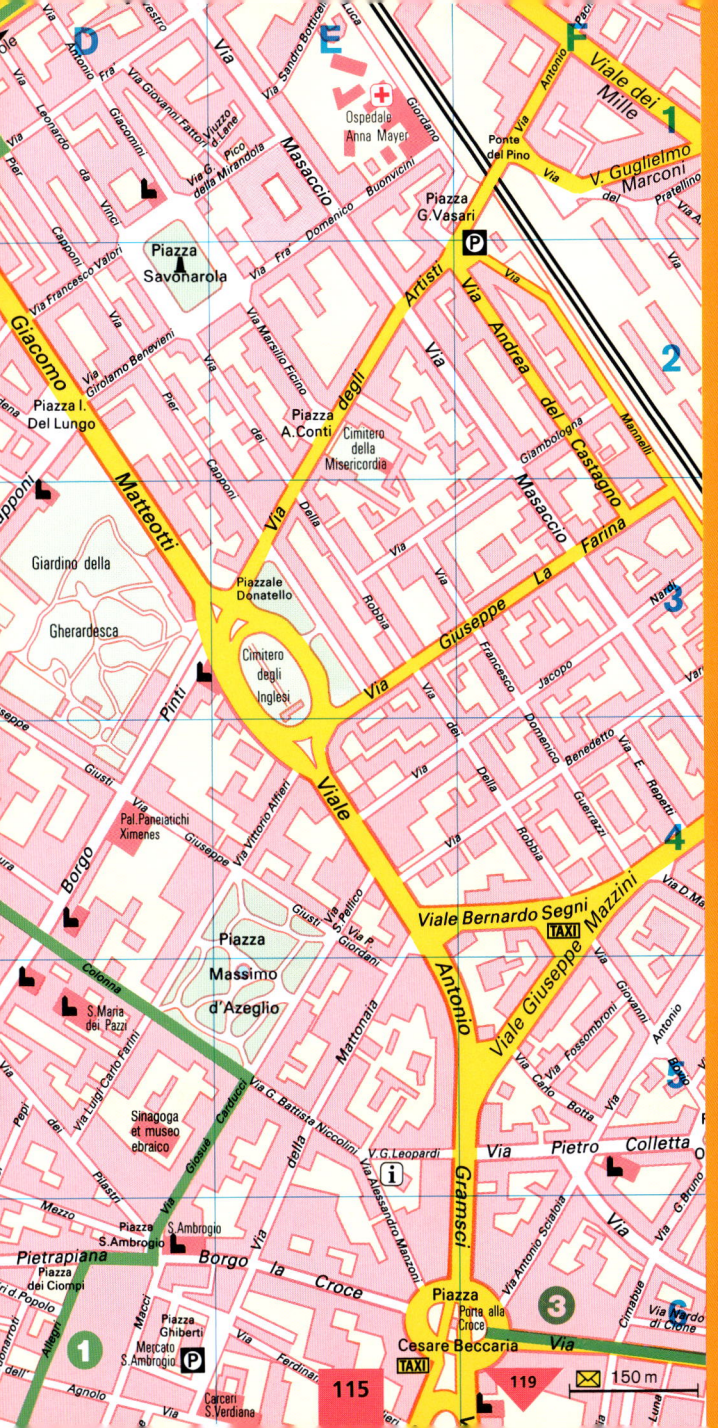

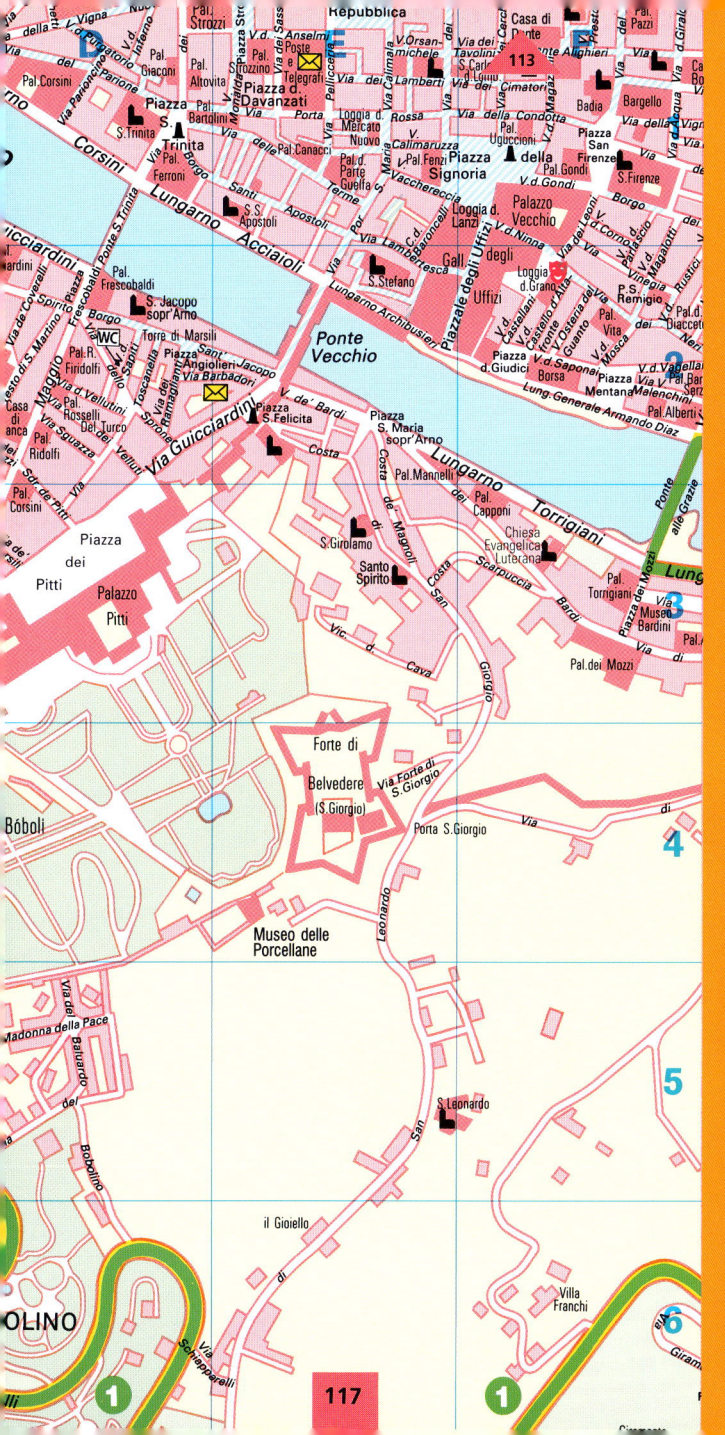

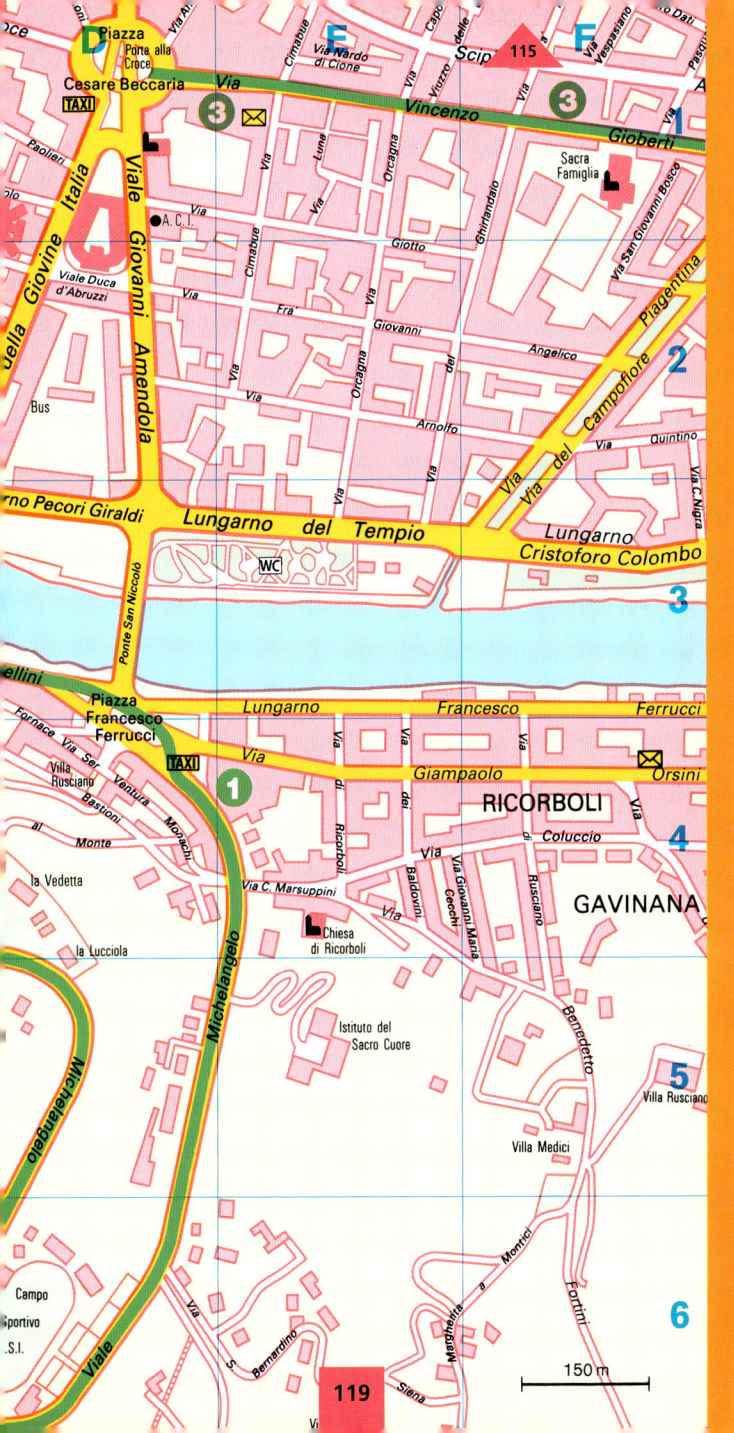

Das Register enthält eine Auswahl der im Cityatlas dargestellten Straßen und Plätze

total relaxed in den urlaub: übung für fortgeschrittene

1. schliessen sie die augen und denken sie intensiv an das wunderbare wort „ferienmietwagen zum alles inklusive preise". stellen sie sich viele extras vor, die bei holiday autos alle im preis inbegriffen sind:

- unbegrenzte kilometer
- haftpflichtversicherung mit min. 1,5 mio €uro deckungssumme (usa: 1,1 mio €uro)
- vollkaskoversicherung ohne selbstbeteiligung
- kfz-diebstahlversicherung ohne selbstbeteiligung
- alle lokalen steuern
- flughafenbereitstellung
- flughafengebühren

2. atmen sie tief ein und lassen sie vor ihrem inneren auge die zahlreichen auszeichnungen vorbeiziehen, die holiday autos in den letzten jahren erhalten hat.

sie buchen ja nicht irgendwo.

3. nehmen sie ganz ruhig den hörer, wählen sie die telefonnummer **0180 5 17 91 91** (12cent/min), surfen sie zu **www.holidayautos.com** oder fragen sie in ihrem reisebüro nach den topangeboten von holiday autos!

kein urlaub ohne

holiday autos

MARCO ⊕ POLO

Für Ihre nächste Reise gibt es folgende Titel:

In diesem Register finden Sie alle Sehenswürdigkeiten und Museen. Beim Alphabet bleiben die italienischen Artikel unberücksichtigt. Halbfette Seitenzahlen verweisen auf den Haupteintrag, kursive auf ein Foto.

Schreiben Sie uns!

Liebe Leserin, lieber Leser,

wir setzen alles daran, Ihnen möglichst aktuelle Informationen mit auf die Reise zu geben. Dennoch schleichen sich manchmal Fehler ein – trotz gründlicher Recherche unserer Autoren/innen. Sie haben sicherlich Verständnis, dass der Verlag dafür keine Haftung übernehmen kann. Wir freuen uns aber, wenn Sie uns schreiben.

Senden Sie Ihre Post an die MARCO POLO Redaktion, Mairs Geographischer Verlag, Postfach 31 51, 73751 Ostfildern, marcopolo@mairs.de

Impressum

Titelbild: David von Michelangelo (D. Renckhoff)
Fotos: M. Brunori (16); C. Ciccarelli (52); A. Diem (4); A. Franchetti (70); R. Freyer (5 r., 12, 19, 20, 33, 76, 96); R. M. Gill (58); H. Hartmann (8, 42); Huber (6); G. Jung (95); laif: Celentano (5 l., 83); Mauritius: Hubatka (2 o., 18); D. Renckhoff (U l., 2 M., 7, 9, 10, 11, 14, 17, 22, 25, 27, 35, 36, 39, 60, 61, 65, 67, 84, 86, 90, 93, 107); Silvestris: Stadler (1, 28, 48, 49, 69); T. Stankiewicz (U M., 62, 78, 79); M. Thomas (38, 40, 46, 89); T. P Widmann (50, 57, 75)

9., aktualisierte Auflage 2005 © Mairs Geographischer Verlag, Ostfildern
Herausgeber: Ferdinand Ranft, Chefredakteurin: Marion Zorn
Redaktion: Marlis von Hessert-Fraatz, Bildredakteurin: Gabriele Forst
Kartografie Cityatlas: © Hallwag-Kümmerly + Frey AG, CH-Schönbühl/Bern
Gestaltung: red.sign, Stuttgart
Sprachführer: in Zusammenarbeit mit Ernst Klett Sprachen GmbH, Stuttgart, Redaktion PONS Wörterbücher

Bloß nicht!

Vorsicht ist besser als Nachsicht: Gefahren, die Sie vermeiden können

... sich verirren

In Florenz gibt es zwei Hausnummern: Mit blauen oder schwarzen Nummern werden die Gebäude nummeriert, rote Nummernschilder dagegen sind neben Geschäften, Restaurants, usw. angebracht. Es ist also durchaus möglich, dass sich ein Laden in Via del Corso, 18r, im Haus mit der Nummer 6 befindet!

... Schühchen anziehen

Fahren Sie nicht mit unbequemen Schuhen nach Florenz! Die Gassen der Altstadt sind eng und mit handbehauenen Sandsteinplatten gepflastert, die über die Jahrhunderte brüchig, rissig und damit zu richtigen Absatzfallen geworden sind!

... in Kirchen oder Klöstern stören

Nehmen Sie bitte Rücksicht, betreten Sie die Gotteshäuser nicht in unangemessener Kleidung (kurze Hosen, Strandkleidung), und gehen Sie während der Messen oder Andachten nicht redend, fotografierend oder essend herum.

... verkehrswidrig parken

Auch wenn Ihr Auto nur einen Meter in die Bushaltestelle ragt, kann Sie das sehr teuer kommen! Stehen Sie über Nacht dort, kann es sogar passieren, dass ein Strafzettel um 23 Uhr des einen und der nächste um 2 Uhr des folgenden Tages ausgestellt wird – Mindeststrafe pro Zettel 34 Euro. Dazu kommen oft noch 90 Euro, wenn das Auto abgeschleppt wird, oder 30 Euro für eine Reifenkralle, die so genannten *ganasce*. Alles muss sofort bezahlt werden. Haben Sie nicht genügend Geld, wird der Führerschein eingezogen!

... auf Fälschungen reinfallen

Kaufen Sie niemals von fliegenden Händlern angebotene, angeblich »echte« Lacoste-Hemden, Artikel von Louis Vuitton, Gucci, Pucci usw. Sie sind niemals echt, und seit Juni 2004 wird nicht nur der Verkauf, sondern auch der Kauf dieser Nachahmungen schwer bestraft! Selbst auf den Flughäfen werden Stichproben gemacht.

... Langfingern Gelegenheit bieten

Lassen Sie niemals Fotoapparate, Ferngläser, Radios, Kleidungsstücke oder Einkäufe sichtbar im Auto liegen. Auf eine neue Variante des Diebstahls muss man an Verkehrsampeln vorbereitet sein: Während Sie auf Grün warten, säubern einige Kinder die Windschutzscheibe Ihres Wagens und lenken Sie ab – flinke Gehilfen räumen inzwischen den Wagen von hinten aus, wenn Rückfenster oder Kofferraum offen sind.